21 世纪交通版高职高专汽车专业教材

Qiche Weixiu Jishu Jichu
汽车维修技术基础

（第二版）

刘　毅　主　编
王兴国　主　审

人民交通出版社股份有限公司
China Communications Press Co.,Ltd.

内 容 提 要

本书主要内容包括：汽车维修概述、汽车油料知识、螺纹紧固件、常用手动工具、常用量具、钳工基础、汽车维修基础技能，共7个模块。

本书为各类高职高专院校汽车类专业的教材，也可供汽车维修技术人员参考。

图书在版编目（CIP）数据

汽车维修技术基础/刘毅主编. —2 版. —北京：
人民交通出版社股份有限公司，2017.6
ISBN 978-7-114-13753-2

Ⅰ.①汽… Ⅱ.①刘… Ⅲ.①汽车—车辆修理—高等职业教育—教材 Ⅳ.①U472.4

中国版本图书馆 CIP 数据核字（2017）第 073477 号

书 名：	汽车维修技术基础（第二版）
著 作 者：	刘 毅
责任编辑：	翁志新 李 良
出版发行：	人民交通出版社股份有限公司
地 址：	(100011) 北京市朝阳区安定门外外馆斜街 3 号
网 址：	http://www.ccpcl.com.cn
销售电话：	(010)59757973
总 经 销：	人民交通出版社股份有限公司发行部
经 销：	各地新华书店
印 刷：	北京市密东印刷有限公司
开 本：	787×1092 1/16
印 张：	13.75
字 数：	324 千
版 次：	2011 年 8 月 第 1 版 2017 年 6 月 第 2 版
印 次：	2021 年 3 月 第 2 版 第 3 次印刷 累计第 7 次印刷
书 号：	ISBN 978-7-114-13753-2
定 价：	32.00 元

（有印刷、装订质量问题的图书由本公司负责调换）

第二版前言

众所周知,现代职业教育是一个贯穿职业生涯的系统工程,职业院校就读阶段仅为受教育者接受职业教育的基础入门阶段。在当前职业教育开始进入"人格本位"发展阶段,有关受教育者"职业意识""职业能力"和"职业行为习惯"等职业素养的培育,对职业院校学生走入职场显得尤为重要。如今随着科学技术的飞速发展,企业技术应用长期保持领先于职业院校的专业教学,而且这种趋势还将长期存在,尤其在汽车维修专业这种情况更为明显。因此,如何缩小专业教学与企业应用的差距是一个亟待解决的老课题。

笔者经过详尽的调研分析发现,现有的汽车专业教学内容安排,普遍存在着偏重于职业能力中核心能力的培养而忽略关键能力培养的倾向,教学内容陈旧和冗余现象严重,导致对学生在职业意识导入、专业基础训练、职业规范化训练以及职业行为习惯等方面的培养则明显不足。因此,造成了毕业生到企业工作后陷入高不成、低不就的境遇,不得不在企业重新进行岗前补课和后续培训。另外,长期以来汽车专业教学多沿袭以往典型车型的系统培训方式,使学生对汽车维修技能的掌握局限性较大,一遇到其他车型就会不知所措。

由汽车维修工作实践可知,汽车维修中常用的检测、装配和调整等技能在各种车型上都是相同或相近的,其差别仅在于技术参数上的差异。如果将这些通用的项目抽取出来进行基础性的关键能力培训,学生就能够举一反三地快速掌握其他各种车型的维修技能,而且还可以减轻后续课程的内容,提高教学工作的效率,从而节省宝贵的教学时间。为实现上述目标,我们针对现有汽车教学中的不足,精选了汽车维修概述、汽车油料知识、螺纹紧固件、常用手动工具、常用量具、钳工基础和汽车维修基础技能 7 个模块内容,进行了详尽地介绍,力图使学生通过本教材的学习和实操训练,了解汽车维修的整体情况,熟悉汽车维修相关的基础知识,掌握汽车维修的基础技能,使之能够在课程结束后具有直接参与汽车维修作业的能力。

本教材建议教学时间为 120 学时。其中理论环节为 42 学时,实训环节为 78 学时,各模块的参考学时参见下表。

模 块 名 称	学 时 分 配		学 时 合 计
	理实一体课	训练课	
模块1　汽车维修概述	4	4	8
模块2　汽车油料知识	4	2	6
模块3　螺纹紧固件	4	2	6
模块4　常用手动工具	4	4	8
模块5　常用量具	4	12	16
模块6　钳工基础	6	12	18
模块7　汽车维修基础技能	16	42	58
总　学　时	42	78	120

本教材由大连市技师学院刘毅统稿并担任主编,大连市技师学院王兴国教授担任主审。其中:模块1由刘全编写,模块2由靳立明编写,模块3、6由郑海云编写,模块4由李明岩编写、模块5、7由王清霞编写,电子课件由刘毅编制。本书在编写过程中得到许多专家、同行和有关车型4S维修站及汽车修理厂的大力支持,在此谨向有关领导、专家和厂家表示衷心感谢。

由于编者水平有限,书中内容很难满足各学校的实际需求,难免存在不足和错误之处,恳请本教材的使用单位和读者多提宝贵意见,以促进汽车维修专业教学的进一步提高。

编　者

2017年1月

目录

模块1　汽车维修概述 ··· 1
　一、汽车维修的基本流程 ··· 1
　二、汽车维修服务的基本理念 ··· 8
　三、维修人员的基本要求 ··· 10
　四、安全工作 ··· 17
　五、5S 工作理念 ··· 23
　六、车辆参数的解读 ··· 25
　七、汽车维修资料的使用 ··· 30
　思考与练习 ··· 43

模块2　汽车油料知识 ··· 46
　一、车用燃料 ··· 46
　二、润滑油 ··· 54
　三、维修中常用的特种工作油液 ··· 67
　思考与练习 ··· 70

模块3　螺纹紧固件 ··· 72
　一、螺母与螺栓的规格 ··· 72
　二、螺栓的紧固 ··· 79
　三、塑性扭力螺栓 ··· 82
　四、螺母的锁紧 ··· 84
　五、典型螺栓拆装方法 ··· 86
　思考与练习 ··· 88

模块4　常用手动工具 ··· 90
　一、工具使用的基本要求 ··· 90
　二、常用的手动工具及用法 ··· 92
　思考与练习 ··· 105

模块5　常用量具 ··· 106
　一、量具概述 ··· 106
　二、游标卡尺 ··· 109
　三、外径千分尺 ··· 111
　四、百分表 ··· 114
　五、内径百分表 ··· 115

六、量缸表 ··· 117
　　七、塑料间隙规 ··· 120
　　八、火花塞间隙量规 ·· 121
　　九、厚薄规 ··· 122
　　思考与练习 ··· 123
模块6　钳工基础 ·· 124
　　一、钳工常用设备和工具 ·· 124
　　二、画线 ··· 125
　　三、錾削 ··· 130
　　四、锯割 ··· 136
　　五、锉削 ··· 139
　　六、钻孔 ··· 146
　　七、螺纹加工 ··· 151
　　钳工实操训练 ··· 155
模块7　汽车维修基础技能 ·· 156
　　一、汽车维修概述 ··· 156
　　二、零部件的检测 ··· 160
　　三、典型零部件的拆装 ··· 173
　　思考与练习 ··· 207
参考文献 ·· 212

模块 1　汽车维修概述

汽车维修的教学往往注重技术层面的培训，而忽略了维修业务的分工、流程、责任划分、安全防护和维修资料使用等内容。这将导致学生日后到汽车服务企业后，发生不懂得正确的操作规范、不知所措等情况，而一些看似简单的问题，恰恰是维修人员必须熟悉和掌握的。

学习目标

本模块介绍了汽车维修的基本流程、维修人员的基本要求、安全防护和汽车常见资料解读等内容。通过本模块的学习，可使学生了解汽车维修的总体流程，熟悉维修人员工作的基本要求，掌握汽车维修作业安全防护和常见资料解读的技能。

学习重点

1. 维修人员的基本要求；
2. 作业安全防护；
3. 常见维修资料的解读。

学习难点

1. 5S 理念；
2. 常见维修资料的解读。

一　汽车维修的基本流程

由汽车销售和售后服务财务分析可知，汽车销售每收益 1 元钱，售后服务的收益就可高达 7 元钱。因此，汽车维修服务企业为了实现有效经营，会扩大维修服务活动内容和范围。当然，这对于促进新车销售也是非常有利的，但更重要的是通过维修服务能赢得顾客的信赖，获得超值的效益。可以说，维修人员对维修服务的理解程度直接影响到企业的营销业绩。现代汽车维修企业的服务过程可以分为：预约、接待、填表、调度生产、质量控制、交车和跟踪服务 7 个步骤，如图 1-1 所示。

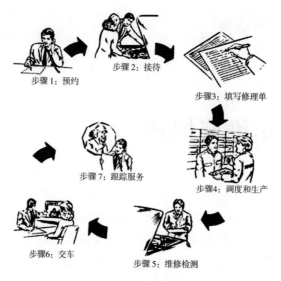

图 1-1 汽车维修服务流程

1 预约

1）预约的作用

（1）控制客户数量，防止拥塞。

（2）拥有足量的时间去清楚地了解客户的需求。

（3）在客户到达前确认零件情况。

（4）监控和安排所有可使用的维修技师工作时间（工时）。

2）促成预约的方法

（1）在预约时间前跟进客户，减少失约客户（预约了却没来）数量。

（2）跟进所有失约客户并重新安排预约。

（3）利用各种广告手段和与客户接触的各种机会，促进预约（提高预约率）效率。

（4）弹性预测未来预约。

3）预约的优点

好的预约可以实现维修企业顺畅的工作流，如图 1-2 所示。工时分配可按"时间桶"概念来安排，见图 1-3。

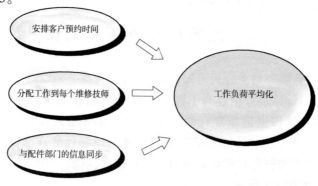

图 1-2 预约的效果

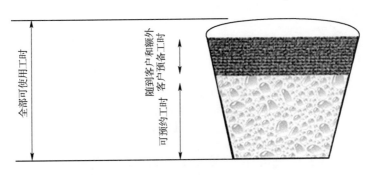

图1-3 "时间桶"的释义

合理地安排时间并按计划执行,是提高工作效率的有效手段。

4)预约工作分类

在给维修技师安排工作时,需考虑维护和修理两类工作,如图1-4所示。

维护(70%)　　　　　修理(30%)

维护工作	修理工作
定期维护服务	比较昂贵的修理,例如:发动机、变速器、悬架系统、电子系统检测维修等,需要技术能力强的技术人员
需要半熟练技术人员	
可以较高生产效率完成	生产效率较低

图1-4 预约工作的分类

5)预约系统类型

常见的预约系统类型有预约登记表、电脑预约系统和预约控制板等。

据调查,在汽车维修服务中,一个流畅的预约系统可以有效地把工作分配到维修车间,并且为每个客户安排足量的时间,从而提高客户满意度。

❷ 接待

接待过程的作用为:通过有序、专业的方式接待顾客,达到超越客户期望的服务效果,以增加客户的信心。接待环节须实现以下内容,详见表1-1。

汽车维修服务接待环节基本内容　　　　表1-1

项　目	内　　容
接待标识	接待标识应该包括以下7个方面(标识需清楚可见,用明确的文字表达): ①维修店工作起止时间标识; ②周末值班时间和24小时服务热线标识; ③维修服务企业进出口标识; ④带指示箭头的接待处标识; ⑤客户停车位标识; ⑥客户休息室、娱乐室、洗手间设施等标识; ⑦收银位置标识
接待设施	维修企业的接待设施有: ①合适的停车位(数量足够、位置合理); ②整洁、舒适的客户休息室; ③座椅套、脚垫和转向盘套等; ④必要时提供代用车辆

续上表

项 目	内 容
业务接待员	业务接待员的要求为： ①个人仪表要干净、整洁、得体； ②清楚的身份特征[制服和名片(胸牌)]； ③较高的提问和倾听技巧(5W 2H，即 who、what、where、when、why、how、how much)； ④熟练填写修理单(所涉及的主要项目)。 (通常，每个接待员每天处理15～20个修理单)
接待过程	接待过程的主要工作有： ①客户到达时主动引导其至车位，并礼貌问候； ②咨询客户的需求，查询该客户的修理记录，合理安排维修作业项目； ③完善客户资料，及时更新客户的联系方式； ④对于较复杂的问题，可使用预诊断表； ⑤执行送修车辆的环车检查程序。 (解释服务项目、费用并告知客户预计修理时间)
接待过程的其他工作	①对必要的额外工作向客户提供建议，例如：维护到期，在维修过程中同时完成维护； ②顾客在维修单据等凭证上签名； ③确认客户是否有贵重物品遗留在车内； ④确认车辆钥匙和停车位的号码； ⑤询问客户是否要保留旧件

③ 填写维修单

1) 维修单的特点

维修企业可使用手写或电脑打印维修单。不论采用哪种维修单，应包括以下过程和信息。

(1) 可用性。所有的信息都是清晰准确的。

(2) 同步性。在预定方面和取件方面，保持与零件供应部门同步。

(3) 有序性。工作需具有一定的先后顺序，在工单上排列好工作顺序。

2) 维修单内容

各个维修企业的维修单形式各不相同，但主要包括客户信息、车辆信息、工作信息、其他信息等内容，详见表1-2。精确的维修单信息和有效的维修过程管理，可以明显提高顾客的满意度。

汽车维修单明细内容　　　　表1-2

项 目	内 容
客户信息	①客户的姓名和地址； ②电话号码(家庭电话、公司电话或移动电话)； ③付款方式； ④客户签名

续上表

项 目	内 容
车辆信息	①VIN 或车身号码； ②车辆型号； ③生产日期； ④车辆登记日期(上牌日期)； ⑤车辆牌号； ⑥里程表读数； ⑦燃油储量
工作信息	①客户要求的详细描述； ②维修技师所做工作的详细描述，例如：测量、调整和观察油类和润滑液量，更换的零件等； ③工时配件的估价； ④工作起止时间的记录； ⑤质量检查的证明(车间主任或质检员签名)
其他信息	①业务接待员的姓名； ②工作类型(维护，修理)； ③送修车辆的环车检查结果； ④所需的额外工作； ⑤保留更换的零件； ⑥许诺的交车时间； ⑦回访服务的优先方式

4 调度和生产

1）调度和生产系统的前提条件

(1) 维持高生产率的工作环境(清洁、有序等)。
(2) 及时跟进技师的工作进度。
(3) 与零件供应部门交流，并保持信息同步。
(4) 一次给一个维修技师分配一张维修单。
(5) 优先对待返修客户和等待中的客户。
(6) 根据技师的技术水平分派工作。
(7) 记录可用工时数和未用工时数。
(8) 用电脑维修登记程序信息或其他形式管理内容，填写每个维修单(记录完工时间)，监控生产力、人力使用和工作效率。

2）使用生产日程安排

维修日程应该以满足对客户许诺交车时间为基础，如果交车时间不同于原来约定时间，必须预先通知客户。生产调度人员熟练使用电脑管理系统，能实现维修服务工作管理的高效率，如图1-5 所示。

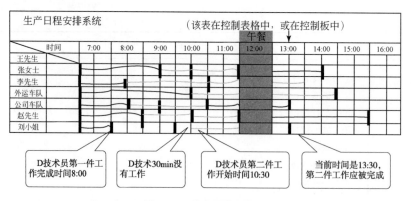

图1-5 生产日程管理图表

5 质量控制

质量控制系统是用来确保客户的车辆尽可能被一次性修复。

1) 质量控制系统的功效
(1) 确保一次性修复。
(2) 减少返修投诉情况的发生。
(3) 增加顾客满意度和顾客忠诚度。
(4) 增加员工满意度。

2) 车辆质量检查的优先级

在理想状态下,所有车辆都应检查。然而,如果不能在规定时间内检查所有车辆,应参照图1-6所示优先级检查车辆。

```
返修车辆;                           高价值修理;
投诉车辆;                           主要维护服务;
与安全有关的修理;                    排气系统修理;
保修修理;                           制动系统和悬架系统修理;
服务活动期间修理项目;                故障难以排除的车辆
与驾驶性能和噪声、振动等有关的项目;
外发加工
```

图1-6 送修车辆服务的优先级

3) 检查项目

业务接待员所下的维修单中对于有关工作的叙述包括如下方面。
(1) 维修技师已做工作的叙述(做了什么,故障为什么发生和如何检修的)。
(2) 更换的零件。
(3) 车辆清洁情况。
(4) 是否有必要进行路试。

4) 记录结果
(1) 质量控制表上须有质检员签字。
(2) 报告任何没有通过检查的车辆。
(3) 确定故障原因并提供反馈。
(4) 通知客户质量控制过程。

5)返修

返修是指车辆没有通过维修企业内部质量检查的车辆,或者是车辆出厂后由于客户对修理情况不满意,回厂再次修理。造成返修的原因有如下方面。

(1)业务接待员提问技巧较差。

(2)没有确定"主要维修项目"。

(3)错误的诊断。

(4)维修技师的技术水平较差(包括给维修人员分配的工作不合理)。

(5)缺乏工具或其他设备。

(6)交车过程中解释说明不够等。

6 交车

交车程序是为了提高客户满意度,确保顾客离开时,对维修店有一个好的印象,并建立起客户忠诚度。交车程序包括如下方面。

(1)证实质量控制检查已经完成。

(2)确认已经达到客户的要求。

(3)确认原始估价和实际费用是否相符。

(4)通知顾客来提车。

(5)顾客到达时热情问候。

(6)业务接待员展示更换的零件,解释说明已做工作和费用。

(7)确定跟踪服务的方式。

(8)建议下次服务时间或额外项目。

(9)收款并提供收款证明(收据/发票)。

(10)交车给顾客并陪同顾客取车,当着顾客的面取下座椅套等。

(11)感谢顾客的光临。

7 跟踪服务

跟踪服务的意义在于弥补维修服务的不足和不良影响,释放客户的不满情绪,解决客户的相关困难,提供咨询、宣传等服务,以提升客户对该维修服务企业的认同感,培育其成为经常性的回头客。

1)实现跟踪服务的前提

(1)制订跟踪服务规程。

(2)三天内联系顾客。

(3)记录顾客的反应。

(4)跟进顾客要求或不满意的事项。

2)跟踪服务方法

跟踪服务方法主要有直接跟踪卡和直接调查函两种方法,如图1-7所示。

3)跟踪和报告顾客反应

为了达到分析的目的,有7个服务投诉的内容可供提问,见表1-3。跟踪服务可以保持与客户的交流,并在客户满意度方面提供有价值的反馈信息。

直接跟踪卡	直接调查函/卡
优点: 　　快速和个人化; 　　即时反馈; 　　顾客可能自愿提供除咨询以外的额外信息。 要求: 　　安静的区域; 　　修理单或维修档案的复印件; 　　限制调查函上的问题为5到6个; 　　在报告上总结客户反应	优点: 　　容易纪录和保存客户的反应。 实施方法: 　　将调查卡挂在后视镜上; 　　交车时将调查卡交给客户; 　　通过邮件邮寄调查卡。 注意:该活动中重要的是给客户提供预付费的信封

图 1-7 跟踪服务方法

客户对维修服务内容反映登记表　　　　　　　　　　表 1-3

序　号	项　目	服　务　内　容
1	接待礼仪	怎样问候和接待顾客
2	维修工作	不满意的维修工作环节
3	维修定价	是否物超所值
4	维修时间	是否按时完成
5	修竣清洁	车辆交回给顾客时是否清洁
6	交车答疑	顾客是否满意关于维修工作的解释
7	其他	关于顾客设施的关注,例如:休息室、礼仪、交通工具等

二、汽车维修服务的基本理念

现代汽车维修企业所追求的目标是:针对顾客提出的要求,快速而准确地提供超过客户预期值的优质服务。将上述两种工作进行周密有效地统一管理,才能实现优质服务,最大限度地提高顾客满意度。

1. 汽车维修服务的岗位分工

维修部门的团队协作对于提高维修服务质量是至关重要的,进而使客户满意,带来稳定的收益。由熟练的维修人员提供维修服务,且价格合理,定会得到客户的信任。熟悉并理解彼此的工作角色,如前台业务人员、服务经理/调度、维修主管、维修技师(包括维修助手),所有角色组成一个团队来协调工作,将会提高维修服务质量(表 1-4)。

汽车维修工作岗位设置　　　　　　　　　　表 1-4

岗　位　分　工	工　作　责　任
前台业务人员	负责客户接待工作,并维护与客户的关系,判断客户的需求并提供建议
服务经理/调度	负责客户关系维护和维修工作管理,分配工作给维修人员,并监督每项工作的进程
维修主管	对汽车进行修理并检查每项工作的质量
维修人员	承担汽车维护和修理工作

模块1 汽车维修概述

"汽车维修服务"包含着两个层面的工作内容,既有直接面对顾客的前方(前台)服务,还有支援前方(后台)的后方(维修车间)维修,如图1-8所示。两者缺一不可、相得益彰,单方面即便是再出色也不能达到整体的服务效果。

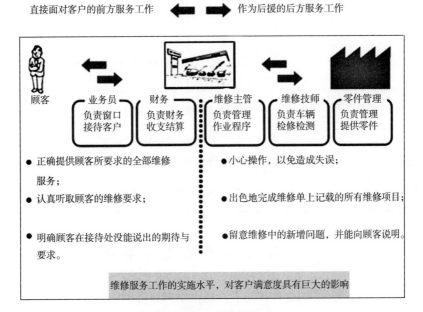

图1-8 汽车维修服务前台与后台的配合效应

2 追求维修服务的高效率

为了有效地进行维修服务活动,维修企业使用了各种各样的管理方法。灵活运用这些管理方法,能够快速而准确地进行维修服务。例如,表1-5为某汽车维修企业的维修服务作业的管理标准内容。

汽车维修服务的标准 表1-5

维修凭证	适用场合	管理信息
客户档案	接待时	管理客户车辆情况及维修记录
维修单	接待时; 维修前进行说明时; 进行维修时; 检查时; 交车时	记录维修操作的一系列相关内容,是最重要的凭证
实车检查核对表	接待时; 交车时	记录实车检查时的情况

续上表

维修凭证	适用场合	管理信息
零件出库表	维修前说明时； 维修操作时； 检查时； 交车时	零件出库时的必备表单
进度管理板	维修作业时； 检查时	表示维修作业的进展状况，为提高维修作业效率和及时通知顾客作业进度提供方便
报价单	维修前说明时； 维修作业时（有追加时）	帮助客户理解维修作业的内容及费用
结算单	交车时	记录此次维修作业的最终费用
收款收据	交车时	客户支付费用后拿到的财务凭证
交流沟通表	跟踪服务时； 预约时	记录有关预约状况、维修状况以及全部有关客户的情况

三 维修人员的基本要求

为提高客户的满意度，维修企业在向客户提供维修服务时，必须提供在该地区超过竞争者的关爱服务，这样，客户的汽车就能总是处于良好的技术状态，客户就能成为支撑企业效益的回头客户。

1 向客户提供关爱服务

1) 客户对服务的预期

客户对汽车维修企业服务的预期多种多样，一般来说可归纳为：态度热情、准确可靠、收费合理、快捷高效。汽车维修企业通过优质服务获得超值收益和稳定的用户群体（图1-9）。

图1-9 丰田公司客户服务的推动过程

2）免费的效果

许多客户还期望获得一些"额外的免费服务"，例如：轮胎检查与充气、电脑检测、给车门轴加些润滑油、安全行车经验咨询和建议等。这些免费的服务项目，往往可以获得超值的回报。如今，汽车维修企业向客户提供多种多样的免费服务，已成为扩大客源、稳定客源、保证效益增长的主要手段之一。

3）满意服务的正向推动作用

越来越多的汽车维修企业将客户满意度作为员工的考核内容。提高客户的满意度不仅有助于维修企业的兴旺发达，而且还提高了员工对自己的工作责任感。同时，客户满意度会反映在企业对员工的评价上，会影响到员工的个人收入。例如，客户对员工满意度的提升，会使员工工作的人文环境得到改善，员工可能从员工所在公司得到更好的福利（加薪、提拔等），并且能获得更大的工作保障。客户、企业与员工这三者的利益是统一的，如图1-10所示。

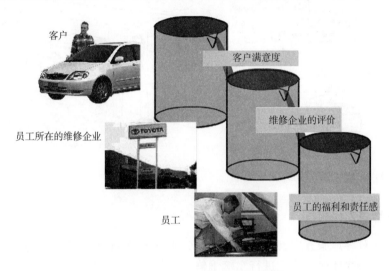

图1-10 客户、企业与员工三者利益的统一

② 建立客户至上的服务理念

作为汽车维修服务的专业人员，必须把"客户至上"的理念付诸实践，并做到以下内容。

（1）维修人员要尽最大努力为客户提供第一流服务来提高他们对维修企业或车辆品牌的满意度。

（2）维修人员要提高对客户的满意度认识，然后将其付诸对客户的服务实践之中。

（3）维修人员应提供规范的、优质的服务（图1-11）。

（4）维修人员要认真对待客户的车辆。

（5）在维修服务中出现的任何问题，维修人员均须向客户提出专业性的建议，否则，会被客户抛弃。

③ 专业级的服务水准

服务是否专业，是衡量维修水平的一个标准（图1-12）。汽车维修质量直接关系人的生命。因此,汽车维修是非常重要的工作,维修人员有责任维护企业和客户利益。专业级的服务水准有以下要求。

(1)维修人员要尽自己最大努力做好每一项工作。

(2)维修人员要努力地在工作中不断提高自己的综合素质。维修人员要有提高综合素质的意识,始终研究比以往更有效、更准确、更舒适、成本更低的工作方法,然后将其运用到工作中。

(3)维修人员要努力提高自己的技能。随着科技的快速发展,汽车将不断地以新车型和新机制来提高质量与性能。因此,维修人员也必须与时俱进,不断地掌握新的技术,提升个人的技能,以便能具有维修新款汽车的能力。

图1-11 向客户提供规范、优质的服务

图1-12 专业级的服务是令客户满意的基本条件

❹ 汽车维修工作规范

维修人员在对客户服务中,为实现优质服务,必须按照维修工作规范的要求进行工作,这样会有助于更加快速而可靠地进行车辆维修。维修工作规范内容主要有以下10个方面。

1)职业化的服务形象

优质服务要求维修人员在作业中必须体现出职业化的特点,因此,工作人员作业时必须穿着干净的制服和防护鞋,如图1-13所示。

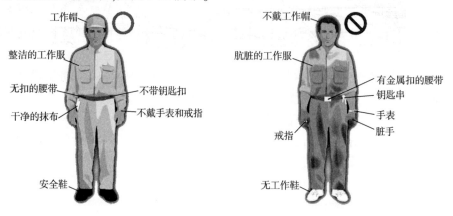

图1-13 职业化的服务形象

2)爱护客户送修的车辆

为防止作业时弄脏客户的送修车辆,图1-14所示部位须加装保护装置。

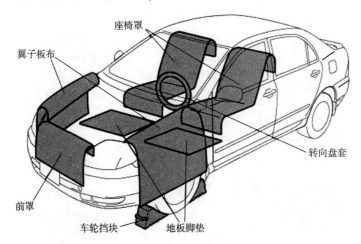

图1-14 作业时对客户车辆的保护

(1)要使用座椅套、转向盘套、翼子板保护布和地板纸垫。

(2)谨慎小心地驾驶客户车辆,若非必要,不做过激的动作。

(3)不要在客户的车内抽烟。

(4)切勿使用客户音响设备或车内电话。

(5)作业后,须拿走作业时留在车上的垃圾、零件等物品。

3)作业区域整洁有序

(1)保持车间地面、工具台、工作台、仪表、测试仪等区域整洁有序(图1-15)。必须做到:拿走不必要的物件;保持零部件和材料整齐有序;打扫、清洗和擦净作业区域。

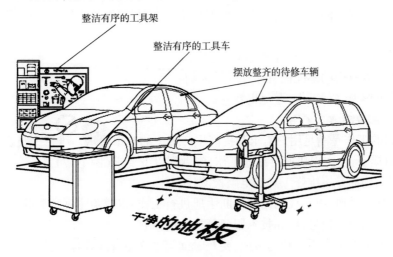

图1-15 整洁有序的作业区域

(2)送修汽车停正后方可进行维修。

4)安全生产

安全是汽车维修工作的前提条件。为确保作业安全,必须做到如下方面(图1-16)。

(1)正确使用工具和机具设备,如:汽车举升器、千斤顶、电动工具等。
(2)严格遵守有关规定,注意防火,工作时切勿在工作区域吸烟。
(3)在缺少有效设备的情况下,切勿搬运太重的物件。

图1-16 作业安全防护

5)计划和准备

制订维修作业的计划并做好准备工作是提高工作效率的有效措施,其工作内容有如下方面。

(1)确认维修的"主要项目"(客户进行维修的主要原因)。
(2)确认客户的要求及维修主管的指示。
(3)若出现返工的情况,要特别注意与客户及维修主管的沟通。
(4)如果除了规定的工作外,还有其他附加工作,应报告维修主管,只有在得到客户的同意后方可进行。
(5)做好工作计划(工作程序和作业准备)。
(6)确认维修所用的零配件有库存或需采购。
(7)根据维修单进行工作,避免出错。

6)快速可靠的工作

快速可靠的工作是满足用户需求和提高生产效率的基本要求。维修人员在尽可能运用所学技能的前提下,要实现快速可靠地工作,应做到以下要求(图1-17)。

(1)使用正确的专用维修工具和电脑检测仪。
(2)根据维修手册、电子线路图和诊断手册进行工作,以避免主观猜测的无序作业。
(3)了解最新技术信息,例如技术服务简报上的内容。
(4)维修人员如果有不清楚的事情,要及时询问维修主管或管理人员。
(5)维修人员如果发现车辆还有修理单条款以外的地方需要维修,需及时向维修主管或者管理人员汇报。

7)按时完成

按照工作计划,按时完成工作很重要。即使能按时完成该工作,也要经常检查。如果推后(或者提前)完成工作任务,或者需要做其他新增工作,须及时通知维修主管或管理人员。

图 1-17 快速可靠维修的要点

8)工作完成后的检查

工作完成后进行检查,能够检验工作效果,消除作业的不足或错误,可有效提升工作质量,其内容主要有如下方面(图 1-18)。

(1)确认主要项目已完成。
(2)确认已完成所有其他需要做的工作。
(3)确认车辆是清洁的。
(4)将驾驶座、转向盘和后视镜返置于最初位置。
(5)如果钟表、收音机等的存储被删除,请重新设置。

图 1-18 工作完成后的检查

9) 保存旧零件

客户的满意度是由很多工作细节决定的,为了使客户相信你的有效工作,对于维修中更换的零部件,需进行整理并放置到客户容易看到的地方,如图1-19所示。

(1)将更换下来的旧零件放在塑料袋或者空零件袋中。

(2)将旧零件放在客户容易看到的地方,例如:在副驾驶座椅前面的地板上。

图1-19 将旧零配件放置到客户容易看到的位置

10) 善后工作

善后工作是实现高质量工作的基本要求(图1-20)。这些工作内容对提升工作质量,防范异常情况的发生都有积极的意义。

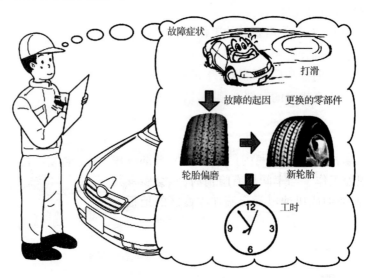

图1-20 完成任务后的善后工作

(1)完成维修单和维修报告,例如:写下故障原因、更换的零件、更换原因和劳动时长等。

(2)未列在维修单上的任何其他故障问题,必须通知维修主管或管理人员。

(3)在工作中所发现的任何异常情况,应及时告知维修主管或管理人员。

四 安全工作

由于汽车的复杂性,在汽车维修过程中要用到很多工具、设备和机器。另外,通常在汽车维修车间或区域内,会有很多产生动作或业务干涉的人。复杂的工具、机器设备和有害废弃物,加上各种人员,会使汽车维修车间成为一个事故易发地。另外,汽车使用的是易燃、易爆的燃料,操作不当也是很危险的。因此,汽车维修的安全已经成为汽车服务的基本保证。

鉴于工作安全是汽车维修的一个重要基础,如何遵守和执行安全的标准和规则,则是新进入汽车维修行业人员必须掌握的内容。

1 作业须知

研究发现,在汽车维修车间内,化学的、物理的和人机工程学的危害是最常见的因素。这些因素能导致作业人员感到不适或健康受损、生病,甚至死亡。所以,需要始终安全作业,防止事故的发生。

1) 事故因素

(1) 人为因素造成的事故:由于不正确使用机器或工具,穿着不合适的衣物,或由于维修人员不小心造成的事故。

(2) 自然因素造成的事故:由于机器或工具出现故障,缺少完整的安全装置,或工作环境不良造成的事故。

2) 安全和责任

维护工作场所的安全是每个汽车维修人员的责任。每个汽车维修车间都存在着很多的事故隐患。事故的发生常常是由于维修人员不认真、不按照正确的维修规程操作造成的。例如,用千斤顶举升汽车时,必须遵循正确的操作程序。如果图省事的话(例如,千斤顶没有放到正确的位置),汽车在千斤顶上将不稳定并且有可能坠落,这将会造成很严重的事故。维修车间内的每一个员工都应按照正确的操作规程工作。当车间里有险情时,常会引发其他事故。例如,润滑油或机油经常会滴在维修区的地板上而使地面变滑,这就属于一种险情,如图1-21所示。

图1-21 洒漏的废机油引发的伤害

2 工作着装

维修人员应尽可能地保持衣服整洁,这是因为客户们无法忍受他们的车尤其是内饰被脏兮兮的维修人员弄脏,因此,维修人员要特别注意工作着装。

1) 工作服

为便于工作,防止事故的发生,工作服必须结实、合身;为防止工作时损坏汽车,不要暴露工作服的带子、卡扣、纽扣;为防止受伤或烧伤,尽量不要裸露皮肤。在典型汽车维修车间里,应穿着合适的服装,如图1-22所示。这种工作服会让你在车间工作时很舒服,工作效率很高。而过于宽松的衣服容易被机器或汽车零部件卷住而造成事故。尽量不要戴领带或围巾参与作业，因为领带和围巾容易被卷入运行中的机器或转动着的部件。当在工作服里面系领带时，一定要把它别在衬衫上或者紧紧地固定在工作服里面。为确保安全，首饰和手表等也不要佩戴。

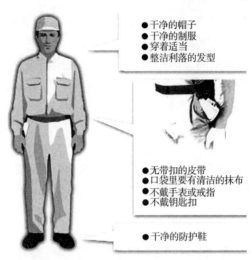

图 1-22　汽车车间工作时要穿着合适的服装

2）工作鞋

在汽车维修车间工作时，不要穿凉鞋和夏季鞋，要穿安全鞋。穿凉鞋或运动鞋很容易摔倒。维修车辆时，常需要来回举升、搬运很重的部件，如汽缸盖、排气管和制动鼓等，难免意外脱手滑落。在汽车维修间工作的人员要穿钢制鞋尖的鞋或其他能承重的鞋来防止脚受伤，工作鞋即可防止因偶然掉落的物体对脚造成伤害。

3）工作手套

汽车维修间里的很多工作都需要戴防护手套。例如，提升重物或拆卸热的排气管时，建议戴上工作手套。对于普通的维护作业，应根据工作类型决定是否需要戴工作手套。

３ 车间安全

为保障在汽车维修间的工作更轻松、更安全，维修人员要遵守安全规则。这些规则涉及车间布局、举升和搬运、车间管理、禁止吸烟等。始终保持工作场地干净整洁，可以保护维修人员和其他人员免受伤害。

1）熟悉汽车维修车间的布局

汽车维修车间有很多种，每个车间都有不同的布局。车间布局决定了设备放在哪里，汽车在哪里维修和特殊修理在哪里进行。对于维修人员来说，熟悉车间布局是很重要的，只有这样，每个人才能有效地工作并能提高安全性。图 1-23 所示为一个典型的车间布局图。

大多数汽车维修车间都设计成可以在一个地方进行多种维修项目。例如，车间会设有定位区、车身和挡板维修区、喷漆区、调整区以及一般修理和维护区、特殊修理区等，这些区域内进行工作都是在机械加工区进行的。大的车间含有所有这些工作区，而小车间可能只有其中的一部分。

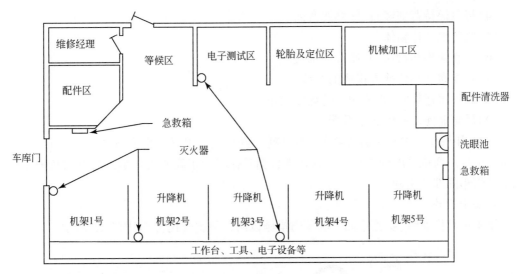

图 1-23　典型车间分布图

2) 通用安全规则

(1) 养成将工具或零件放置在工作架或工作台上的良好习惯。不要把工具或零件留在自己或者其他人有可能踩到的地方。

(2) 立即清理干净泄漏或飞溅的燃油、机油或者润滑脂,防止自己或者他人滑倒。

(3) 工作时,不要采取不舒服的姿势。否则会影响工作效率,而且容易跌倒并受伤。

(4) 从一个工作地点转移到另外一个工作地点时,一定要走指定的通道。

(5) 不要在开关、配电盘或电动机等附近使用可燃物。因为它们容易产生火花,并造成火灾。

3) 举升和搬运

进行汽车维修的时候,可能需要举升或搬运沉重的部件。如果在举升时操作不当,可能会导致事故的发生。因此,举升或搬运任何重物时,必须遵循以下规程(图 1-24)。

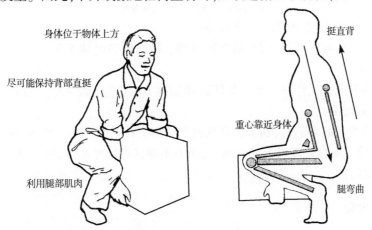

图 1-24　搬运重物时的姿势

(1) 判断物体的尺寸、质量和外形。必要时应寻求帮助。

(2) 保持脚部固定,使一只脚稍稍超前于另一只脚,以保持稳定。

(3) 搬运时,身体尽可能靠近所搬的物体。

(4)尽量保持背部竖直,腿部要弯曲。

(5)紧紧地抓住物体。

(6)伸直腿抱起物体,并使背部垂直。

(7)不要搬运挡住前方视线的物体。

(8)卸下搬运物时,要按相反的程序操作。

(9)尽可能使用机械式举升器。

另外,用汽车举升机举升重物时,要时刻注意安全。用汽车举升机举升汽车时,一定要遵循汽车生产商推荐的操作程序。这通常包括确保汽车正确地放在举升机上以及确保举升机举升汽车的部位正确。

4)安全操作

使用工具作业时,要遵守如下的预防措施以防人员遭受伤害,如图1-25所示。

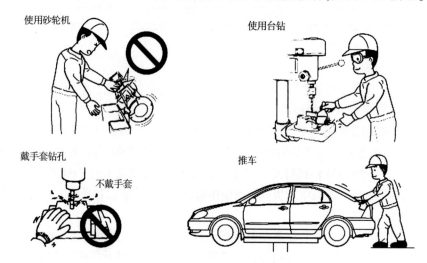

图1-25 规范化操作,为确保安全

(1)正确的使用电气、液压和气动设备。

(2)使用易产生碎片的机具前,戴好护目镜。砂轮机和电钻类的工具用完后,要清除其上的粉尘和碎片。

(3)操作旋具或者工作在一个有旋转运动的地方时,不要戴手套。因为,手套可能被旋转的物体卷入而伤手。

(4)用升降机升起车辆时,初步提升到轮胎稍微离开地面为止。然后,在完全升起之前,确认车辆牢固地支承在升降机上。升起后,千万不要试图摇晃车辆,因为这样可能导致车辆跌落,造成严重伤害。

4 防范火灾

维修中存在许多易燃、易爆物品,若无完善的管理和准备,一旦失火将损失惨重。

1)防火措施

为保证作业安全,必须采取如下的预防措施来防止火灾。

(1)所有人员知道灭火器放在何处,如何使用。如果火灾警报响起,所有人员应当配合扑灭火焰。

(2) 若吸烟须到吸烟区,并且要确认将香烟熄灭在烟灰缸里。

(3) 吸满汽油或机油的碎布有可能自燃,所以它们应当被放置到带盖的金属容器内。

(4) 在机油存储地或可燃的零件清洗剂附近,不要使用明火。

(5) 千万不要在充电状态的电池附近使用明火或制造火花,因为它们周围存在爆炸性气体。

(6) 仅在必要时才将燃油或清洗溶剂携带到车间,并且还要使用能够密封的特制容器封装。

(7) 不要将可燃性废机油和汽油倒入下水道,以免排污系统产生火灾。必须将这些材料倒入一个盛污罐或者一个合适的容器内(图1-26)。

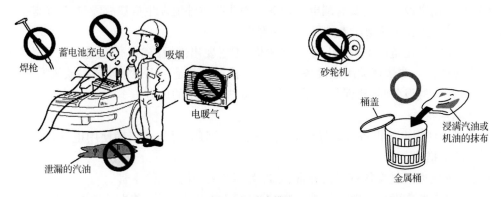

图1-26 防火措施

(8) 在燃油外泄的车辆没有修好之前,不要起动车上的发动机。修理燃油供给系统时(例如拆卸喷油器前),应从蓄电池上断开负极电缆,以防止发动机被意外起动。

2) 灭火器的使用方法

灭火器上通常会印有使用说明(图1-27)。使用灭火器的基本规则包括如下方面。

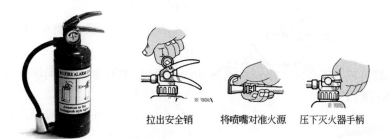

图1-27 灭火器的使用方法

(1) 不要把灭火器放得离可能发生火灾的地方太远。

(2) 把灭火器放置在靠近门的地方,以便于发生火灾时能方便地拿到。

(3) 拉开关前,在保证自己不受伤的前提下,尽可能地靠近火源。灭火剂会很快释放尽,大多数小型干粉灭火器只能释放 8~25s。

(4) 将灭火器的喷嘴直接对准火焰底部,并用灭火器对整个燃烧区喷射。

(5) 在身后保留一个门或其他的逃脱途径,一旦火势无法控制,可以快速逃脱。

5 电气设备安全

通常,电气设备包括电动工具、照明灯具和检测设备等。当使用这些设备时,常常可能出现严重的触电或电击事故。磨损的电线、设备上绝缘不良或有缺陷的线缆都会造成触电。

1)用电规则

电击的严重程度与受害者被击电流的大小和电击时间有关。为减少电气设备的电击危险,必须遵循下列操作规程。

(1)使用三脚搭铁的单相插头或者双层绝缘设备。如果只有两个插孔的插座,不要把三脚插头的搭铁脚去掉。

(2)确保电气设备的所有电线没有磨损,并且性能良好。要购买带双层绝缘电线的设备。

(3)移动用电设备一定要有漏电保护器。当线路意外地发生搭铁故障时,这个装置会切断通过人体的电流,这样操作人员可以避免触电。

(4)如果电气设备(如钻孔机、手摇砂轮机)似乎要出现短路时(你会听到工具外壳有电弧或电击的声音),要快速关闭该设备,并请电工检查设备是否出现短路或搭铁故障。

(5)使用电气设备时,要保持双手干燥,不可站在有水的地方。

2)防触电措施

不正确地使用电气设备可能导致短路和火灾。因此,要学会正确使用电气设备并认真遵守以下防护措施。

(1)如果发现电气设备有任何异常,立即关掉开关,并报维修主管。

(2)如果电路中发生短路或意外火灾,在进行灭火步骤之前,首先关掉电源开关。

(3)向维修主管/调度报告不正确的布线和电气设备安装情况。

(4)有任何熔断丝熔断都要向维护电工反映,因为熔断丝熔断说明有某种电气故障。

(5)不要靠近断裂或摇晃的电线。

(6)为防止触电,千万不要用湿手接触任何电气设备。

(7)千万不要触摸标有"发生故障"的开关。

(8)拔下插头时,不要拉电线,而应当拉插头本身(图1-28)。

(9)不要让电缆通过潮湿或浸有油的地方、炽热的表面,或者尖角附近。

(10)在开关、配电盘或发动机等物附近不要使用易燃物,因为它们容易产生火花。

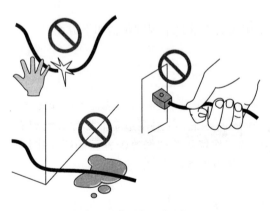

图1-28 注意设备电缆的使用安全

6 险情应急对策

认真执行安全操作规程是安全工作的基础,而安全工作的改进是防微杜渐和亡羊补牢。但对于偶发的安全事故或险情,最为危险的事情,莫过于惊慌失措、没有正确的对策,贻误控制的时机。因此,掌握险情应急对策是非常必要的。

如果遇有险情时,必须采取如下措施。
(1)及时将情况汇报给维修主管/调度。
(2)记录事情的发生经过。
(3)让每个人慎重对待这个问题。
(4)让每个人考虑应当采取的对策。
(5)记录以上的一切并将清单放置在每个人都能够看得到的地方。

五 5S 工作理念

5S 是保持车间环境,实现轻松、快捷和可靠(安全)工作的一整套系统的工作理念。

5S 是"整理、整顿、清扫、清洁和自律"5 个英语词汇的首字母缩写(图 1-29)。5S 起源于日本的一种家庭工作方式,已流传了 200 多年,最初主要是针对场地、物品提出整理和整顿的 2 个 S。日本企业将其引进了内部管理运作,随着管理的要求及水准的提升,后来又增加了 3 个 S,形成了今天的 5S。5S 在企业内部表现为对生产现场中的人员、机器、材料、方法等生产要素进行有效的管理,是日式企业一种独特的管理方法。

图 1-29　5S 工作理念

二战后,日本企业将 5S 作为工厂管理的基础,推行各种品质管理手法,使得产品质量迅速提高,一举奠定了其经济大国的地位。在丰田公司的倡导下,5S 对塑造企业形象、降低成本、准时交货、安全生产、高度标准化、创造令人心仪的工作场所等现场改善方面的巨大作用逐渐被各国管理界所认识。随着世界经济的发展,5S 已经成为工厂管理的一种新潮流。

1　5S 的含义

1) 整理(SEIRI)

此过程将确定某种项目是否需要,区分必需品和非必需品,现场不放置非必需品。其目的是腾出空间,防止误用(图 1-30)。

(1)按照必要性,组织和利用所有的资源,不管它们是工具、零件或信息。

(2)在工作场地指定一个地方来放置所有不必要的物品。收集工作场地中不必要的东西,然后丢弃。

(3) 小心存放物品很重要, 同样, 丢弃不必要的物品也很重要。

2) 整顿 (SEITON)

这是一个整顿工具和零件的过程, 合理布局, 将必需物品放于任何人都能立即取到的位置, 目的是使工作场所一目了然, 消除找寻物品的时间, 形成井井有条的工作秩序(图1-31)。

图1-30 要与不要, 一留一弃

图1-31 科学布局, 取用快捷

(1) 将很少使用的物品放在单独的地方。
(2) 将偶尔使用的物品放在工作场地。
(3) 将常用的物品放在身边。

3) 清扫 (SEISO)

这是一个使工作场地保持为无垃圾、无灰尘、干净整洁状态的过程(图1-32)。其目的是保持良好的工作环境, 稳定品质, 达到零故障、零损耗, 使设备始终处于完全正常的状态, 以便随时可以使用。一个肮脏的工作环境是员工缺少自信的表现, 要养成保持工作场地清洁的好习惯。

4) 清洁 (SEIKETSU)

这也是一个通过对各种物品进行分类, 清除不必要的物品, 使工作场所保持清洁的过程(图1-33)。这是维修管理标准化的基础, 也是企业文化开始形成的前提条件。

图1-32 清除垃圾, 美化环境

图1-33 洁净环境, 贯彻到底

(1) 所有的保洁工作都有助于使工作环境保持清洁, 例如: 照明、通风、陈列架、个人卫生以及各种物品的布局等。

(2) 工作环境变得清新明亮,能够留给顾客良好的印象。

5) 自律(SHITSUKE)

自律形成文化基础,这是确保与社会协调一致的最起码要求,即:对于规定了的事,大家都要遵守执行。其目的是让员工遵守规章制度,培养良好习惯,铸造团队精神(图1-34)。

自律也是学习规章制度方面的培训。通过这个培训,促使新员工遵守企业规章制度。

图1-34 形成制度,养成习惯

② 推行5S的目的

1) 改善和提高企业形象

整齐、清洁的工作环境容易吸引顾客,让顾客对维修企业的服务有信心,同时使企业成为其他企业的榜样。

2) 促进效率提高

良好的工作环境,可使员工集中精力,提高工作效率。

3) 改善零件在库周转率

有效的布局和保管,可实现低库存。维修人员在需要时能立即取出物品,工序间物流通畅,减少寻找、滞留时间,改善零件在库周转率。

4) 减少直至消除故障,确保服务品质

优良的品质,来自于优良的工作环境。通过经常性的清扫,不断地净化工作环境,可以避免污物损坏机器,维持设备的高效率,提高品质。

5) 保障企业安全生产

工作场所宽敞明亮,通道通畅,地板上不摆放不该放置的物品,那么发生意外的机会会减少,安全当然就有保障。

6) 降低生产成本

通过实施5S,可以减少人员、设备、场所、时间等的浪费,从而降低生产成本。

7) 改善员工精神面貌,使组织活力化

人人对工作尽心尽力,增加组织的活力。

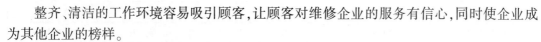

六 车辆参数的解读

认识车辆一般从了解车辆主要的参数开始,例如:车辆型号、车辆规格、VIN码、发动机号码、车身(或底盘)号码、车身指标、性能指标等。

① 车辆规格

车辆规格包括车辆尺寸、性能和其他信息,欲了解其详细内容可查阅产品介绍书和新车特性手册。维修人员应熟悉车辆规格的各个项目,如表1-6所示。

乘用车车辆规格　　　　　　　　　表1-6

基本参数\车型名称	迈腾2017款280TSI DSG 舒适型	迈腾2017款330TSI DSG 舒适型	迈腾2017款380TSI DSG 尊贵型	迈腾2017款380TSI DSG 旗舰型
生产厂商	一汽大众	一汽大众	一汽大众	一汽大众
厂家指导价(万元)	14.58	16.28	23.05	27.01
级别	中型车	中型车	中型车	中型车
长×宽×高(mm×mm×mm)	4866×1832×1464	4866×1832×1464	4866×1832×1464	4866×1832×1464
车身结构	4门5座三厢车	4门5座三厢车	4门5座三厢车	4门5座三厢车
发动机	1.4T 110kW L4	1.8T 132kW L4	2.0T 162kW L4	2.0T 162kW L4
变速器	7挡双离合	7挡双离合	7挡双离合	7挡双离合
最高车速	218km/h	230km/h	230km/h	230km/h
工信部综合油耗(L)	5.5	6.4	6.7	6.7
整车质保	三年或10万公里	三年或10万公里	三年或10万公里	三年或10万公里

❷ 车辆铭牌

铭牌也可称作"厂商牌",其内容根据车辆目的国而变化。轿车的铭牌装在发动机舱或车身侧板上。修理手册中会显示出铭牌的准确位置,如图1-35所示。

1) 车辆识别代号(VIN码)

根据国家车辆管理标准确定,车辆识别代号包含了车辆的生产厂家、年代、车型、车身形式及代码、发动机代码及组装地点等信息(图1-35中" * LMGBH1353A1000191 * "),被喻为汽车的身份证号。

新出厂的车辆被刻上VIN码,可以使该车辆在30年之内在全世界范围内不会与其他车辆发生重号现象,此号码将伴随着车辆的注册、保险、年检、维修与维护的全过程,直至回收或报废而载入每辆车的服役档案。利用VIN码可方便地查找车辆的制造者、销售者及使用者。我国轿车的VIN码大多可以在汽车铭牌和仪表板左侧的风窗玻璃下面找到,如图1-36所示。

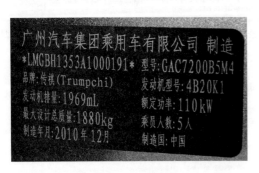

图1-35　车辆铭牌

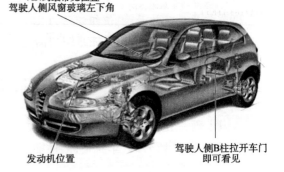

图1-36　VIN码标记位置

车辆识别代号(VIN码)由3部分组成,即世界制造厂识别代号WMI、车辆特征说明部分VDS、车辆出厂特征的指标部分VIS,如图1-37所示。

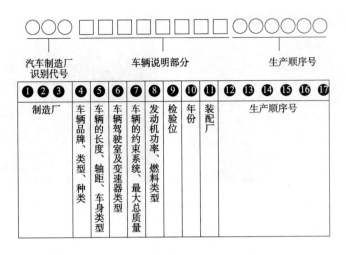

图1-37 车辆的识别代码(VIN码)的组成

"WMI"共3位,为世界制造厂识别代号,表明车辆的生产厂家,该码具有世界车辆制造厂的世界唯一性。ISO组织授权美国汽车工程师学会SAE作为其国际代理,负责为世界各国指定地区代码及国别代码,负责WMI的保存与核对。我国获得授权,负责大中华区域境内(包括中国大陆和港、澳、台地区)的车辆识别代号的统一管理,负责WMI的分配。

"VDS"共8位,为车辆特征说明部分。

"VIS"共6位,为车辆出厂特征的指标部分。

2)国产车型代码

国产车型代码(俗称"整车型号")是按照国标中发动机、车身型号和车辆的基本规格而获得的,车型代码是由字母数字混编而成。例如:一汽马自达"CA6490AT"SUV客车型和一汽奔腾B90"CA7188ATE5T"轿车,其含义见表1-7。

表1-7 国产车型代码示例

整车型号	生产厂商	车辆系列	车身长度或发动机排量	变速器类型	厂家自定代码
CA6490AT	CA—中国第一汽车集团公司	6—客车系列	49—车身长度4860mm	AT—自动挡变速器（厂商自定）	
CA7188ATE5T		7—轿车系列	18—发动机排量1.8L		E5T

注:国产车型和合资生产的车型一般仅在申报汽车生产目录时采用该代码,在销售时多采购与进口车型相同的车型标注。

3)发动机与车身号码

除了铭牌外,每台车的发动机和车身均有制式号码,并作为基本数据登记在车辆的法律文书中,未经公安交通管理部门的许可,不得随意变更。

发动机和车身号码,分别设定在发动机上和发动机舱或底盘车架等处,如图1-38所示。具体车型的发动机和车身号码详见修理手册,因为其所在部位会因车辆的型号而不同。

3 车身规格参数

车身规格参数主要包括图1-39所示的项目。车身各参数释义详见表1-8。

图 1-38 车身号码与发动机号码

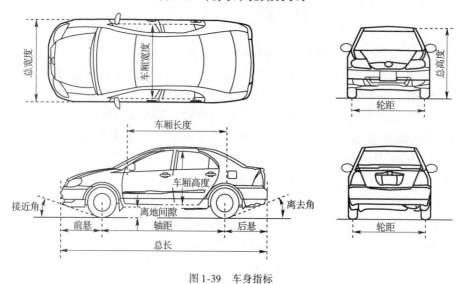

图 1-39 车身指标

主要尺寸与车身质量参数　　　　　　　　　　　表 1-8

项 目	释 义
总宽度	不包括外门镜在内的车辆最大宽度
车厢宽度	从左右车门至驾驶室中心的最大距离
总高度	车辆空载时不包括天线在内的最大高度
轮距	左右轮胎中心的间距
车厢长度	从靠近驾驶室中心的仪器板到后座椅背的距离
接近角	路面和假想线构成的角度(车辆前端底部和前胎的接地表面之间绘制的一条线)
离地间隙	在车辆总质量条件下从地面至车辆最低部分的距离
客厢高度	在车厢中心部位从车顶篷至地板的最大垂直距离
前悬	从前轮轴中心到车辆前端部分距离
轴距	前后轮车桥中心的间距
总长	从车辆最前端到最后端的距离
远离角	道路表面和在车辆后端底部和后胎接地点之间划分的一条假想线构成的角度

续上表

项　目	释　义
整车装备质量	汽车完全装备的质量,包括车辆运行必需的一些标准物品,如燃油、冷却剂、机油、备胎和车载工具等,不包括行李和乘员
最大总质量	汽车在满载时的总质量,即汽车整车装备质量、乘员质量及最大载质量之和

4 车辆性能指标

车辆性能指标有最高速度、燃油消耗率、最大爬坡能力、最小转弯半径等。

1) 最高速度

最高速度代表车辆的驱动性能。最高速度是车辆处于总重条件下,在无风、平坦的铺装路面上测得的。测量值的表示单位为 km/h。

2) 燃油消耗率

这代表车辆在行驶规定的距离时发动机的耗率(图1-40),有两种计算燃油消耗率的方法:行驶规定距离的燃油消耗率(L/100km);消耗规定油量所行驶的距离(km/L)。

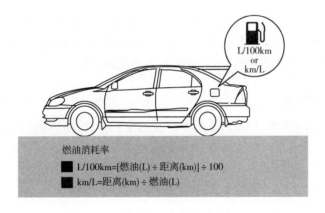

图1-40　燃油消耗率

提示:根据测量时驾驶条件的不同(如气候、发动机条件、路的坡度等),燃油消耗率有明显变化。

3) 最大爬坡能力

该数据表示车辆总重时所能爬登的最大坡度。

最大爬坡能力的计算公式为:坡度(θ) = 爬升高度(B) ÷ 水平行程距离(A),如图1-41所示。

例子:如果高度 B = 20m,距离 A = 100m,那么最大坡度 20/100 = 0.2,约为 20%(11°)。

提示:如果轮胎和道路表面之间缺少足够大的摩擦力,车辆也不能够爬登至最大坡度。

4) 最小转弯半径

通过向右或向左,将转向盘转动到尽头,使车辆在铺面路上缓慢转弯时,车辆旋转中心和最外侧车轮(或车身最外侧)轮胎中心之间所绘圆的半径,如图1-42所示。

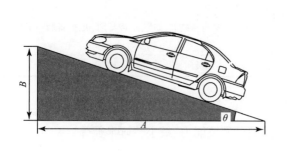

图1-41 最大爬坡能力
A-水平行程距离;B-爬升高度;θ-最大坡度

图1-42 最小转弯半径

七 汽车维修资料的使用

随着汽车产业的发展,汽车制造企业推出新车型的速度越来越快,新车型中包括了很多新的系统和特性。因此,对于维修人员来说,如果仅靠其经验来维修高度复杂的车辆,难度会越来越大;必须依靠翔实的维修资料,才能有效地完成工作。

1 维修资料的种类

为了正确维修这些车型,保证汽车厂家产品形象和信誉,所有的汽车制造商都发行了各种不同的资料手册(表1-9),以实体书、电子版、光盘等多种方式,向汽车维修人员通告正确的维修程序和新的工艺,如图1-43所示。

丰田公司车辆维修及使用资料一览表　　　　　　　　　表1-9

名　称	内　　容
维修手册	维修手册所提供的信息,包括各种零部件的拆卸、重新安装、检验和调整方法
电路图	电路图册中包括车辆电气线路图的摘要,并适用于各种车型
专用维修工具表	专用维修工具表提供车辆修理和检验所必需的专用维修工具的信息,每年出版一次
新车说明书	说明书中提供新车型的信息,并对新机构有描述
维修数据表	在检验和调整中频繁使用的数据(如V形皮带的张紧度和阀门的间隙)都列在单张的资料单上。每年按照各国家和地区的全部车型出版这些资料单
驾驶人手册	为车主和驾驶人编写的手册,向用户提供重要信息以确保用户能正确操纵车辆。每种车型都有该手册,并随车配发给车主
其他资料手册	下列手册作为上述手册的补充: (1)车身损伤维修手册;(2)基本车身修理程序;(3)基本喷漆程序;(4)空调基础及修理;(5)线束修理;(6)音响元件维修手册;(7)统一用时手册;(8)诊断手册;(9)培训手册;(10)维修通报;(11)培训和出版通报

模块1 汽车维修概述

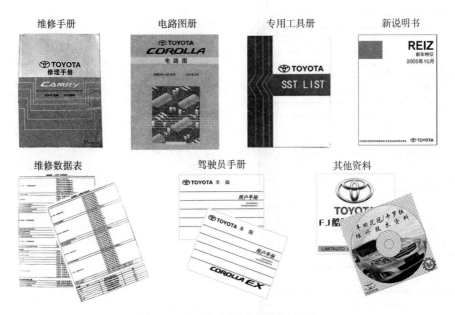

图1-43 丰田公司出品的各种资料手册

② 维修手册的使用方法

1)实体书维修手册的使用方法(图1-44)

(1)翻开维修手册,找到维修手册前面的快速参考索引(图1-45)。

(2)按目录索引,查询到待查信息的页面:按目录标示的页码,翻到信息所在页面,如图1-46所示。

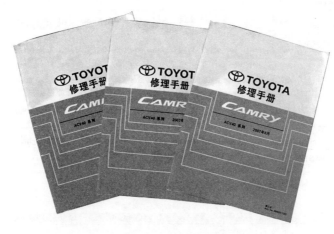

图1-44 丰田凯美瑞维修手册

2)电子版维修手册的使用方法

(1)打开计算机。

(2)将电子维修手册的光盘插入计算机的光驱中。

(3)打开光盘或计算机内载有电子维修手册的文件夹。例如:双击光盘图标内的Sagitar_2006_1.8T四缸汽油发动机(BPL)文件,如图1-47所示。

31

概述	IN
准备	PP
维修规范	SS
1AZ-FE 发动机控制系统	ES
2AZ-FE 发动机控制系统	ES
1AZ-FE 发动机机械	EM
2AZ-FE 发动机机械	EM
1AZ-FE 燃油	FU
2AZ-FE 燃油	FU
1AZ-FE 排放控制	EC
2AZ-FE 排放控制	EC
1AZ-FE 排气	EX
2AZ-FE 排气	EX
1AZ-FE 冷却	CO
2AZ-FE 冷却	CO
1AZ-FE 润滑	LU
2AZ-FE 润滑	LU
1AZ-FE 点火	LG
2AZ-FE 点火	LG
1AZ-FE 起动	ST
2AZ-FE 起动	ST
1AZ-FE 充电	CH
2AZ-FE 充电	CH
U241E 自动传动桥	AX
U250E 自动传动桥	AX
驱动轴	DS
车桥	AH

图 1-45 维修手册目录   图 1-46 维修手册资料页面

图 1-47 Sagitar1.8T 四缸汽油发动机维修手册

(4) 单击打开的窗口内左侧的书签按钮,将看到快速参考索引(图 1-48)。

(5) 单击窗口上部的工具框内的缩放控制按钮,可根据需要改变窗口尺寸。

(6) 单击窗口右侧快速参考索引部分的标签,将可看到相关部分的小标题内容(图 1-49)。

(7) 单击左侧窗口的快速参考名称索引,能够直接转到相关内容部分的页面。

模块1　汽车维修概述

图1-48　与实体书页面相同的电子版维修手册

③ **维修配件管理系统的使用方法**

下面以上海大众汽车维修配件管理系统为例进行介绍。

(1)打开计算机,找到上海大众汽车维修配件管理程序图标,点击"登录"按钮,如图1-50所示。

(2)登录其目录系统,系统出现初始界面,可按界面提示,选择车型、零部件位置等信息,如图1-51所示。

(3)选择要查询的资料,例如:查询"帕萨特车型带活塞的汽缸体"。

①选择帕萨特车型;

②选择发动机,找到"103-05:带活塞的汽缸体"条目,双击该条目,会出现该条目的配件画面;

③点击其中具体零件名称,按图索骥即可查阅到零件的零件号码,如图1-52所示;

④点击内容界面右侧滚动条,滚动鼠标转轮,选择要查询的零件内容。

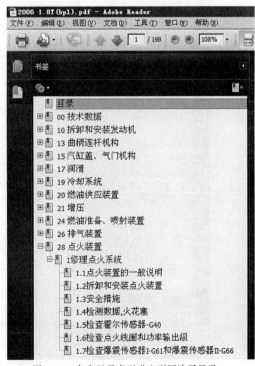

图1-49　点击目录索引进入到阅读子目录

图1-50　汽车维修配件目录初始页面

图1-51　汽车配件管理系统查询界面

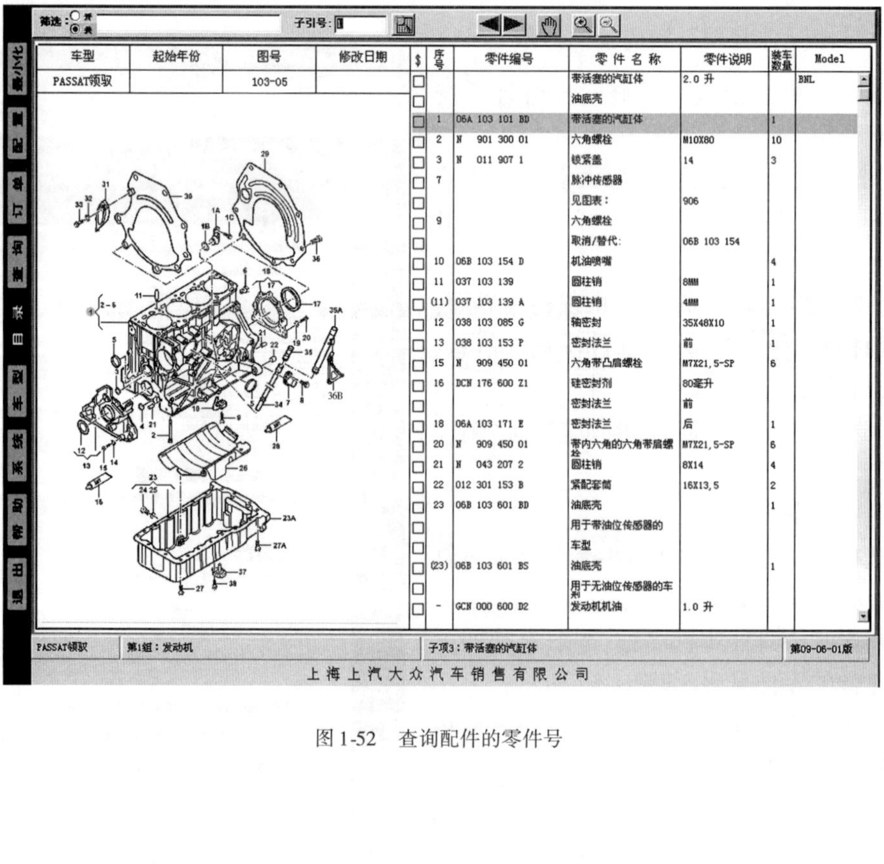

图1-52　查询配件的零件号

模块 1　汽车维修概述

④ 汽车售后服务技术信息系统的使用方法

下面以上海大众售后服务技术信息系统进行介绍。

上海大众售后服务技术信息系统涵盖了上海大众各车型的维修装备、修理手册、电路图、工位工时、损伤代号和订购与服务等几大功能模块，对开展维修工作具有非常好的支撑保障作用，如图 1-53 所示。

图 1-53　上海大众汽车售后服务技术信息系统初始页面

1）维修装备查询

(1) 选择车型。选择维修装备名称并点击该条目，如图 1-54 所示。

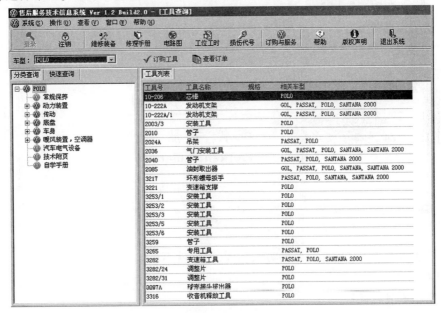

图 1-54　查询维修工具

(2)查看工具的具体情况,如图1-55所示。

图1-55 查看维修设备的详情

2)维修手册资料的查询

(1)选择车型。选择维修装备名称并点击该条目,如图1-56所示。

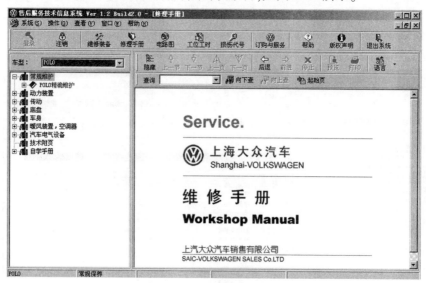

图1-56 查询维修手册

(2)其他使用方法与前面介绍的方法相同,这里就不再重复。

3)电路图查询

(1)选择车型。

(2)选择电路名称并点击该条目,如图1-57所示。

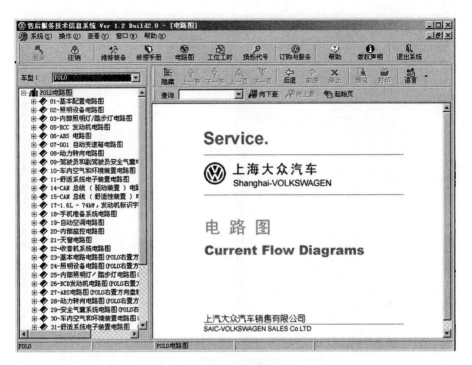

图 1-57 查询电路图

(3)其他使用方法与前面介绍的方法相同,例如:查询 POLO 车型 ABS 系统电路图,如图 1-58 所示。

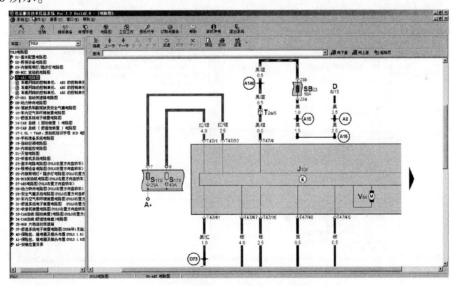

图 1-58 查询 POLO 车型 ABS 系统电路图

4)查询维修作业工时标准

(1)选择待查的车型。

(2)选择作业项目名称并点击该条目,如图 1-59 所示,例如:查询帕萨特"01 发车检验、首次维护、常规维护"工时标准,如图 1-60 所示。

图 1-59　选择帕萨特车型作业工时条目

图 1-60　查询作业项目工时标准

5）查询损伤代号

（1）选择待查维修作业的车型。

（2）选择维修部位名称并点击该条目，如图 1-61 所示。

（3）查询维修部位的信息，例如：查询帕萨特"15 发动机－汽缸盖、气门机构、正时齿轮"，如图 1-62 所示。

图1-61 查询维修部位的所在条目

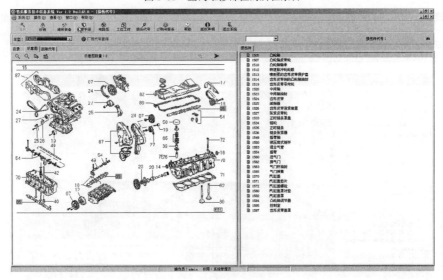

图1-62 查询维修部位的信息页面

(4)查询故障对应代码,如图1-63所示。

5 汽车维修信息系统的使用方法

国际上应用广泛的汽车维修支撑系统有:米切尔(Mitchell)汽车维修信息系统、ALLDATA全球汽车维修查询系统和BOSCH维修诊断系统等。Mitchell汽车维修信息系统在国际维修市场上占有垄断地位,同时也是各类综合汽车维修企业必备的资料系统(图1-64),Mitchell数据库有如下特点。

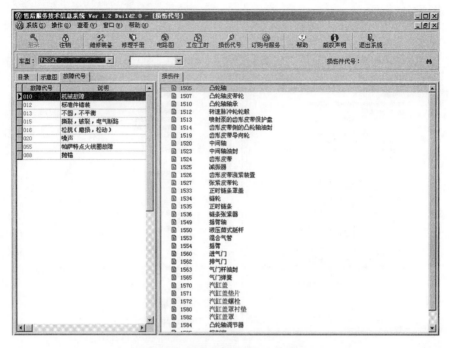

图1-63 维修部位的各种代码页面

图1-64 Mitchell汽车维修信息系统

1) 内容丰富准确

数据库中包含了从1983年至今世界各国51个汽车制造厂商的近5000种车型的维修资料。使用者只要选定了待查车辆的生产年代、厂家、车型，即可进入相应的维修目录。在不同的维修目录下，根据发动机型号、变速器型号等的不同，有更为详细的分类，资料查询更快捷、准确，如图1-65所示。

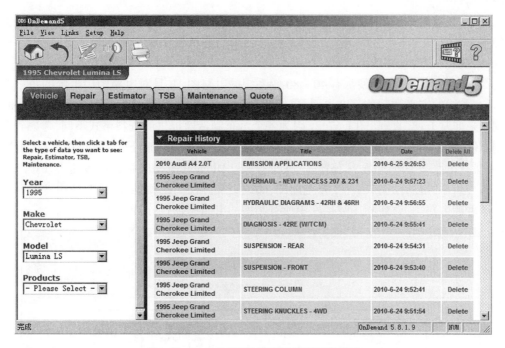

图 1-65　Mitchell 汽车维修信息系统的查询界面

如果使用者不能确定待查汽车的年代、型号,该数据库系统还提供了 VIN 码的解码信息。只要能够查到待查汽车的 VIN 码,就可以用它准确地了解该车的详细参数,如图 1-66 所示。

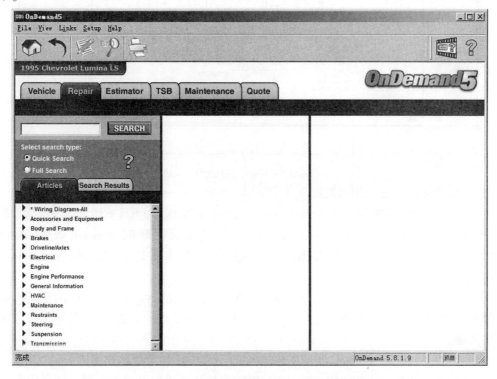

图 1-66　Mitchell 汽车维修信息系统 VIN 码快速查询界面

Mitchell 数据库将车型精确定位在"年款",极大地保证了资料的准确性,这是市场上常见的书籍等资料无法比拟的,这也是美国电子维修资料彻底垄断市场的最重要原因之一。

2) 完整统一的电路图

数据库中的每一款车型都有 40~80 幅系统的电路图,并且对电路图中电脑的每一个管脚、每一条线的定义和颜色都有说明,鼠标移动到哪条线路,其走向就会以加粗的蓝色显示,查询起来非常方便、直观(图 1-67)。因为各个汽车制造商提供的资料格式不同,考虑到客户使用方便,Mitchell 公司没有像其他公司那样简单地将图形扫描下来,而是用 CAD 重新绘制,使所有电路图清晰准确、风格统一、便于查阅。Mitchell 电路图将原厂多达十几张的系统电路图分析后,重新绘制成 2~3 张电路图,阅读更加方便。也就是说,只要使用者能够读懂一个车型的电路图,就能利用数据库中所有车型的电路图进行分析、诊断。

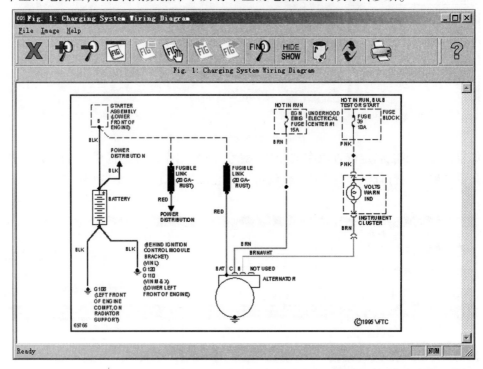

图 1-67　Mitchell 汽车维修信息系统的某车型电路图

3) 详细准确的电子元件位置图

由于今天的汽车越来越复杂,汽车上的电子元器件越来越多,而且不同汽车的结构差别较大。维修人员往往因为不能确定某一电子元器件的位置而束手无策。Mitchell 数据库系统中提供了所有车型的电子元器件位置,除了文字说明外,还附有图解,一目了然,方便易用。

4) 零件分解图和参数

针对每一款汽车,Mitchell 数据库不仅有各种总成详细的拆卸安装步骤,而且还有清晰的零件分解图和准确的参数进行参考,为使用者提供更为清晰的数据支持,使车辆维修更方便、更快捷。

5) 技术服务公报是 Mitchell 数据库的精华

汽车制造商针对已经生产的车型,每年都要发布大量的技术服务公报。这些内容包括该车型的各种最新技术信息,如维修技巧、安全召回信息等内容,对于维修人员的帮助很大。在 Mitchell 数据库中,使用者既可以在总成中分别查找与该总成相关的技术服务公报,又可以同时查找所有的技术服务公报,条理清晰,简单易用。

6) Mitchell 汽车维修数据库系统的主要内容

(1) 车型查询(一般查询与 17 位 VIN 码查询)。

(2) 零件分解图和参数查询。

(3) 某车型电路图查询。

(4) 电子元器件位置图查询。

(5) 技术公报查询。

思考与练习

1. 判断正误

(1) 汽车维修对于确保客户的安全是一项重要的工作。　　　　　　　　　　(　　)

(2) 维修人员除了要做好常规工作,还必须高度重视维护和修理工作中的细节。(　　)

(3) 优质服务概念是指提供最好的产品质量和售后服务。　　　　　　　　　(　　)

(4) 提高客户的满意度能提高员工的责任感。　　　　　　　　　　　　　　(　　)

(5) 维修人员通常从主管/调度处接收修理单。　　　　　　　　　　　　　　(　　)

(6) 维护和修理工作结束后,维修人员必须联系客户进行维修后续工作。　　(　　)

(7) 完全理解维修车间内的基本工作流程后,维修人员进行汽车的维护和修理工作。

(　　)

(8) 汽车维修后,通常由维修技师领队做最后的检查。　　　　　　　　　　(　　)

(9) 为防止员工受到伤害或烧伤,无论何时都不要裸露皮肤。　　　　　　　(　　)

(10) 如果在危险的情况下未受到伤害,就不必要汇报。　　　　　　　　　　(　　)

(11) 通过立即抛弃任何不需要的物品来提高空间的使用效率的做法是 SEIRI(整理)。

(　　)

(12) 可以随时、方便地获取物品的做法是 SEIRI(整理)。　　　　　　　　(　　)

(13) 使工作场地保持清洁状态的做法是 SEIKETSU(清洁)。　　　　　　　(　　)

(14) 通过对每件物品的筛选、分类,以使工作场地保持洁净的做法是 SEIKETSU(清洁)。

(　　)

(15) 将员工培训为骄傲的丰田雇员的做法是 SHITSUKE(自律)。　　　　(　　)

2. 将下列五个基本要求和五个句组中相应的说法进行匹配

A. 职业化的形象　　a. 整理车间,车辆停放到位。

B. 爱护车辆　　　　b. 核对工作内容及部件是否在库,并在工作前制订一个计划。

C. 整洁有序　　　　c. 以正确的方式穿戴干净的工作服。

D. 安全生产　　　　d. 为避免划伤或弄脏客户汽车,将汽车加上保护罩,不要随意摆弄汽车附件。

E. 计划和准备　　　e. 正确使用工具和设备;小心处理明火;处理较重的物品时需小心。

3. 在下面的句子中选择与给出的5S的各项相匹配的句子

　　A. SEIRI（整理）（　　）　　a. 去除浪费的行为。

　　　　　　　　　　　　　　　　b. 一个有序的工作场地能给客户提供一种愉快的氛围。

　　B. SEITON（整顿）（　　）　　c. 凌乱的工作场地是员工信心的体现。

　　　　　　　　　　　　　　　　d. 养成保持工作场地清洁的习惯。

　　C. SEISO（清扫）（　　）　　e. 根据设备、工具、部件的使用频繁程度安排放置地点。

　　　　　　　　　　　　　　　　f. 收集并丢弃不需要的物品。

　　D. SEIKETSU（清洁）（　　）　g. 培训雇员遵守规章。

　　　　　　　　　　　　　　　　h. 丢弃不必要的物品与保存必要的物品同样重要。

　　E. SHITSUKE（自律）（　　）　i. 根据需要对每一件可能的物品进行分类。

4. 选择题

（1）关于维修人员的着装，下面哪种说法是正确的？　　　　　　　　　　　（　　）

　　A. 工作时，维修人员的工作服可外露较大的硬质纽扣。

　　B. 为方便工作时的行走，维修人员可以穿运动鞋。

　　C. 在处理热的消声器时，维修人员应戴手套。

　　D. 在操作钻具时，维修人员需戴手套。

（2）从下面的说法中选出维修人员的本职工作。　　　　　　　　　　　　　（　　）

　　A. 维修人员的基本任务是直接从客户处听取要求并据此进行工作。

　　B. 如果需要附加的工作，维修人员向业务人员汇报，在维修人员继续工作前，领班将和客户讨论。

　　C. 如果需要附加的工作，维修人员和客户讨论并进行该工作。

　　D. 维修人员的基本任务是进行维护和修理工作并在结束时作最后的检查。

（3）关于危险操作，下列哪种说法是正确的？　　　　　　　　　　　　　　（　　）

　　A. 不戴手套操作钻具。

　　B. 在正在充电的蓄电池附近使用电焊机。

　　C. 当车轮稍微离开地面时通过晃动车辆来鉴定汽车是否正确地固定在顶升装置上。

　　D. 在由刚性齿条支承的汽车下工作。

（4）关于事故的说法，下列哪句是正确的？　　　　　　　　　　　　　　　（　　）

　　A. 只要维修人员小心，事故永远不会发生。

　　B. 只要对设备和工作车间正确地管理，事故就不会发生。

　　C. 如果有事故发生，那么所有人员必须考虑其原因并采取措施以防止再次发生。

　　D. 如果有事故发生，在工作人员中进行讨论是不必要的。只有经历事故的人才须考虑其原因并采取措施以防再次发生。

(5) 关于轴距的语句,下列哪句是正确的? （　　）
　　A. 轴距是指左右轮中心的宽度。
　　B. 轴距是指车辆最前端至最后端的长度。
　　C. 轴距是指从地面到车辆最低点的距离。
　　D. 轴距是指从前轮中心至后轮中心的距离。
(6) 关于车辆的铭牌,下列哪句是正确的? （　　）
　　A. 车辆的铭牌显示一条性能曲线。
　　B. 车辆的铭牌显示一本修理手册和一本线路手册。
　　C. 车辆的铭牌显示车型代码和车架号。
　　D. 车辆的铭牌指示用户的姓名。

模块 2　汽车油料知识

车辆使用了多种类型的燃油和润滑剂,维修人员必须掌握其性能与使用方法。特别是其中一些油液含有剧毒和可燃物质,必须小心处理。如果错用了不合适类型的燃油和润滑剂,会对工作零件造成严重损害。

学习目标

本模块介绍了车用燃料、润滑油料和其他工作油液等内容。通过本模块的学习,可使学生了解汽车油料的一般使用常识,熟悉润滑油和维修常用工作油液用途,掌握汽车维修作业中常见油液的使用技能。

学习重点

1. 燃油性能与类别;
2. 润滑油料的性能与类别;
3. 常见工作油液的性能与使用。

学习难点

1. 燃油的选用;
2. 机油的选用。

一　车用燃料

当前汽车发动机所用的燃料有:汽油、柴油、液化石油气和天然气等。其中:汽油发动机燃料有汽油、乙醇汽油、液化石油气和天然气等;柴油发动机的燃料有柴油和再生及合成柴油等。

1 燃油的炼制

常用发动机燃料一般是指从原油分馏和裂化过程取得的挥发性高、燃点低的烃类混合物液体,是应用于点燃式或压燃式发动机(即汽油和柴油发动机)的专用轻质液体燃料。

1）原油

从首次勘探到原油，石油工业就开始了汽车燃料的制造。原油是黏稠的棕黑色油滑液体，可炼制出不同的燃料。它包括数千种不同的碳和氢的化合物，不同的化合物提炼出不同的燃料和一些其他石油产品。

原油通常位于地面1500～7500m以下。近海和陆地上巨大的石油钻探平台将原油泵送到地面（图2-1）。原油再被运送到炼油厂，加工成不同的燃料。

2）原油的炼制

原油在炼油厂被加工成各种有用的燃料。炼油厂中的一项重要工序就是蒸馏。蒸馏是将原油中不同碳氢化合物进行分离的工序。原油中的某些碳氢化合物用于制造汽油，还有一些碳氢化合物用于制造柴油，其余成分用于制造许多其他产品。图2-2中给出了一部分由原油制造产品。

图2-1　石油采油机

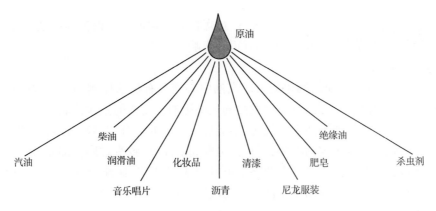

图2-2　由原油制造的部分产品

蒸馏是一种热力学的分离工艺，它利用混合液体或液—固体系中各组分沸点的不同，使低沸点组分蒸发，再冷凝，以分离整个组分的单元操作过程，是蒸发和冷凝两种单元操作的联合。在蒸馏塔底部原油中，所有的碳氢化合物都已汽化，如图2-3所示。

随着朝蒸馏塔顶部上升，蒸汽开始冷却。热蒸汽冷却到接近它们的沸点，便冷凝成液体。例如，在蒸馏塔的不同温度处，蒸汽通过冷却分别形成了汽油、柴油、重油和其他不同的残余物。

把石油加热，然后利用石油中各成分的沸点不同，将它们分离，可得到不同的产品，这样便使石油得到综合利用。

❷ 汽油

汽油是原油精炼产生的碳氢化合物。汽油具有高挥发性、高抗爆性和相对低价等特点，能满足车辆汽油机的需求。正是由于这些原因，汽油被用作汽油发动机的燃料。

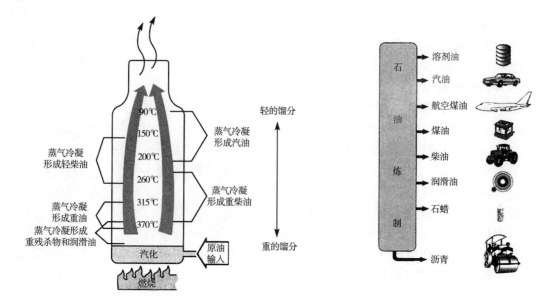

图2-3 蒸馏使原油中的所有碳氢化合物气化

1）汽油的性能

汽油的主要性能指标有蒸发性、挥发性、抗爆性和辛烷值等。汽油性能的好坏对发动机的动力性、经济性、可靠性和使用寿命都有很大影响。

(1) 蒸发性。

汽油的蒸发性是指汽油的汽化能力。汽油中必须含有足够比例的高蒸发性的成分，以得到良好的冷起动性能。因此，汽油蒸发性的大小影响发动机的工作性能。

若蒸发性不好，则汽油不能完全汽化，不能形成均匀的混合气，致使燃烧不完全，不仅造成燃油消耗量增加、有害排放物增多，而且会稀释润滑油，导致汽缸磨损加剧，影响发动机寿命。若汽油蒸发性太强，使用时易在油路中蒸发形成"气阻"，影响燃油的输送，使发动机运行不稳甚至熄火。因此，应选用蒸发性合适的汽油。

(2) 挥发性。

为了更有效地燃烧，汽油必须汽化。如果燃油在燃烧前不能完全汽化，燃烧效率就会随之降低。挥发性被定义为汽油汽化的容易程度。高挥发性燃料很容易汽化。用于寒冷天气的燃油必须有高挥发性。但是，在温暖的天气中，汽油应降低挥发性，以避免形成过量的蒸汽。过量蒸汽会造成"气阻❶"，导致功率损失或发动机熄火。汽油的挥发性随季节变化。汽油易挥发，存放有汽油的地方严禁烟火，如图2-4所示。

图2-4 严禁烟火

(3) 抗爆性。

汽油的抗爆性是指汽油在汽缸中避免产生爆

---

❶ 汽油是高挥发性的，并且与空气接触后气化形成可燃气体。因为极小的火花都能轻易将其点燃(图2-4)，因此非常危险，必须小心处理。

震的能力。汽油的抗爆性用辛烷值表示。辛烷值(即汽油标号)代表了汽油的抗爆性。辛烷值越高,汽油抗爆性越好;反之,汽油抗爆性越差。

爆震是由于汽油在汽缸中不正常的燃烧而产生的。此声音是由于非正常燃烧的火焰重复敲打汽缸壁造成的,它听上去像是发动机内部零件的"喀啦"声,这将降低发动机的功率输出。爆震现象严重时,对活塞、活塞环及火花塞和气门的损坏非常大。

爆震发生在燃烧室内部,当火花塞点燃可燃混合气时,将产生一个做功的火焰锋。点燃后不久,燃烧室另一侧的可燃混合气在高温高压的作用下发生自动爆震现象,产生另一个火焰锋。该火焰锋是由于低辛烷值的汽油过早燃烧造成的。当这两股能量锋碰撞到一起时,就形成了爆震现象,进而形成发动机内的敲击声,如图2-5所示。这两个能量的碰撞,极大地削弱发动机做功的能量,使发动机功率下降,油耗增加,零部件过早损坏。

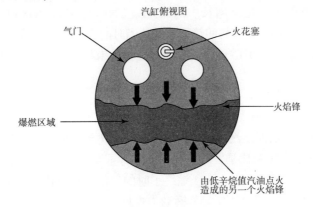

图2-5 汽油机爆震的形成

爆震与发动机温度、压缩比、燃油特性等有关,在压缩行程终了时产生,燃烧室内部的温度高到足以无须火花塞就可使混合气点燃。因此,汽油在制造时要加入抗爆特性的物质。

(4)辛烷值。

辛烷值是指示汽油特性的量度标准之一,并代表汽油的抗爆特性。辛烷值高的汽油比辛烷值低的汽油更少引起发动机爆震。汽油的规格是通过辛烷值区分的,辛烷值反映了汽油的燃烧抗爆震能力(图2-6)。例如,汽油辛烷值越高,点燃的汽油所需得温度就越高;辛烷值越低,燃油就越容易燃烧。普通汽油的标准辛烷值范围是85~90,高级汽油的辛烷值范围则是90~95。汽油的辛烷值越高,爆震就越不容易发生。

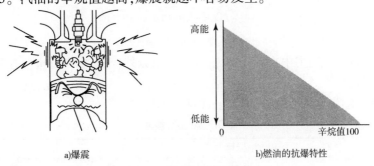

图2-6 辛烷值与抗爆性的关系

测定辛烷值的方法有马达法和研究法。目前,我国用研究法辛烷值(RON)来表示汽油的牌号,如93号和97号等。选用汽油标号时主要依据发动机的压缩比,压缩比高的发动机选用辛烷值高的汽油,反之,选用辛烷值低的汽油。

随着发动机压缩比的不断提高,汽油的辛烷值也在提升。因为发动机更高的压缩比通常意味着更有效的燃烧,随着压缩比的提高,压缩温度也随之升高。如果低辛烷值的燃料用在高压缩比的发动机上,就一定会发生爆震现象。

(5)热值。

每种被提炼出来的燃料都会有一个不同的热值。热值的公制单位为焦耳(J),其定义为将1g水在1大气压下由14.5℃提升到15.5℃所需的热量,约等于4.1855J。

汽油和柴油是通过它们转化成热量时放出的热值进行比较的。燃料的热值越高,燃烧就越好,驱动汽车行驶的里程也就越长。例如:1L汽油约能发出31000kJ的热量,而1L柴油一般约能发出34000kJ的热量。燃料的热值与其蒸馏时的沸点有关。通常,碳氢化合物的沸点越高,燃料的热值也越高。柴油比汽油的沸点高,这就意味着每升柴油的热值比汽油多。

2)汽油的选用

由前面的知识可知,汽油标号来源于辛烷值。

(1)依据压缩比选择汽油标号。

选用车用汽油标号的依据是汽油机的压缩比。压缩比是指发动机汽缸的总容积与燃烧室容积之比,如图2-7所示。压缩比是发动机的一个非常重要的结构参数,它表示活塞在下止点压缩开始时的气体体积与活塞在上止点压缩终了时的气体体积之比。从动力性和经济性方面来说,压缩比应该越大越好。压缩比高,车辆动力性好,热效率高,车辆加速性、最高车速等会相应提高。但是受汽缸材料性能以及汽油燃烧爆震的制约,汽油发动机的压缩比又不能太大。

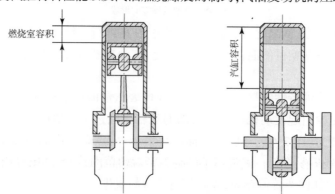

(注:压缩比=汽缸容积/燃烧室容积)

图2-7 发动机压缩比的概念

一般可以在汽车说明书中查到压缩比,除说明书以外,汽车生产厂也会在油箱盖内侧标注推荐使用的燃油标号。驾驶人员应严格按汽车发动机不同的压缩比,选用相应标号的车用汽油,才能使发动机发挥出最佳的效能,详见表2-1。

表2-1 车用汽油选用参考

压 缩 比	车用汽油标号	压 缩 比	车用汽油标号
8.5~9.5	93号~95号	9.5~10	95号~97号

(2)选用汽油不当的影响。

如使用的无铅汽油标号比规定要求低,发动机常在急加速及爬坡时出现爆震现象。如果发动机长期出现爆震,会快速损坏发动机,甚至打坏活塞、汽缸体等。但是选用汽油标号也不是越高越好,选择汽油标号的主要依据是发动机的压缩比。压缩比、点火提前角等参数已经在发动机电脑中设置,盲目使用高标号汽油,其高抗爆性的优势无法发挥出来,会造成浪费。

3 柴油

柴油和汽油一样,都是石油制品,也是一种碳氢混合物。但是,同等质量的柴油比汽油拥有更多的能量。此外,柴油燃烧时的效率更高。在石油蒸馏过程中,汽油及煤油从原油中蒸馏出来后,温度在150～350℃从原油中蒸馏出的馏分即为柴油。柴油分为轻柴油和重柴油。轻柴油用于高速柴油机,重柴油用于中、低速柴油机。汽车柴油机均为高速柴油机,所以使用轻柴油。

1) 柴油性能

柴油有十六烷值、终馏点、含硫量、凝点、闪点、黏度以及灰分等特性。

(1)十六烷值。

燃油喷入汽缸的时间和热气体点燃的时间之间有一个延迟,这段延迟时间以十六烷值表示,用来指示柴油的可燃性。用于高速柴油发动机的柴油十六烷值范围通常是40～50。十六烷值是衡量柴油发火性的指标。十六烷值越高,燃油的发火性越好,如图2-8所示。

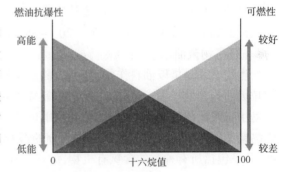

图2-8 十六烷值的变化对燃烧的影响

十六烷值高的柴油,例如:十六烷值为85～96的柴油,经常用于在寒冷天气中起动柴油发动机。如果在寒冷天气中使用十六烷值低的柴油,部分柴油将无法点燃,这些柴油就积聚在汽缸内,当燃烧最终发生时,这些过量的燃油将会突然爆燃,产生与汽油发动机爆震一样的声音。

(2)终馏点。

燃油只有在汽化形态下才能在发动机中燃烧。燃油完全气化的温度称为终馏点。柴油的终馏点应低到足以在发动机内的温度下实现完全气化。这意味着在寒冷天气下,当发动机工作在较低转速和负荷时,具有较低终馏点的燃油将会提供更好的性能。

(3)含硫量。

柴油中的含硫量应尽可能低。原油从地下采出时就含有硫,精炼的目的是尽可能地去除硫。燃油中的硫与发动机内腐蚀量和沉积物的形成有直接的关系。硫还存在于尾气中,这些气体将会污染空气,导致大量酸雨的出现。某些试验表明,含硫量从0.25%提高到1.25%,发动机磨损就将增加135%。发动机在汽缸壁和活塞环处的磨损最显著。

(4)初始凝点。

柴油中开始形成蜡状结晶的温度称为柴油的初始凝点。柴油在寒冷天气中将会形成蜡状结晶。蜡状结晶会堵住燃油滤清器和喷油器,导致柴油机熄火。

(5)黏度。

黏度是衡量润滑系统流动阻力的指标。燃油应该保证在最冷的工作状况下也能流动自如。燃油的黏度也影响着喷油器喷出的燃油雾滴的大小。黏度越高,雾滴越大。而雾滴的大小则会影响燃油喷雾的雾化质量。

(6)闪点。

燃油在规定结构的容器中加热挥发出可燃气体与液面附近的空气混合,达到一定浓度时可被火星点燃时的燃油温度,称为柴油的闪点。闪点应高到足以保证燃油能安全地搬运和存储,而无爆炸的危险。

(7)灰分。

柴油的灰分是衡量包括金属氧化物和沙砾在内的杂质的指标。这些杂质对发动机的活动部件产生磨蚀作用。灰分的数值应保持在最低限度。

2)柴油类别

(1)轻柴油。

轻柴油自石油中炼制而得,按其质量分为优等品、一等品和合格品3个等级,每个等级又按柴油的凝点分为10、0、-10、-20、-35和-50。

(2)生物柴油。

生物柴油是指以油料作物、野生油料植物和工程微藻等水生植物油脂以及动物油脂、餐饮垃圾油等为原料油,通过酯交换工艺制成的可代替石化柴油的再生性柴油燃料。生物柴油是生物质能源的一种,它是生物质利用热裂解等技术得到的一种长链脂肪酸的单烷基酯。生物柴油是含氧量极高的复杂有机成分的混合物,这些混合物主要是一些分子量大的有机物,几乎包括所有种类的含氧有机物,如:醚、酯、醛、酮、酚、有机酸、醇等。

生物柴油的十六烷值比较高,燃烧性能好于柴油;其含水率较高,具有"老化"倾向;其润滑性能好,有优良的环保特性和较好的低温起动性能;使用生物柴油无须改动柴油机,可直接添加使用。

(3)清洁柴油。

清洁柴油是指轻柴油硫含量小于800mg/L,氧化安定性小于0.025mg/100mL,十六烷值大于45。我国自2002年1月1日起在全国推广使用清洁柴油,2017年开始全面使用符合机动车"国五"排放标准的车用柴油,其硫含量小于10ppm(1ppm=1mg/kg);北京地区开始执行符合机动车"国六"排放标准的车用柴油,相比"国五"排放标准,"国六"排放标准在限制要求上提升了40%~50%,此外"国六"标准还增加了实际道路行驶排放测试、排放保质期等新技术要求。

在一般情况下,民用汽油机与柴油机不可互换燃油(图2-9),因为如果误将汽油倒入柴油机,它会损坏喷油泵和喷嘴。反之将柴油倒入汽油机,将导致汽油机无法起动。

图2-9 不能加错燃料

4 其他燃料

近年来,环保标准越来越高,部分替代燃料如乙醇汽油、液化石油气和天然气等逐渐进入市场。

1) 乙醇汽油

乙醇汽油是按90%汽油和10%乙醇混合成的一种发动机燃料,又被称为E10或酒精汽油。它可以有效改善油品的性能和质量,不影响汽车的行驶性能,还能降低一氧化碳、碳氢化合物等主要污染物排放。乙醇汽油作为一种过渡型清洁燃料,符合我国能源替代战略和可再生能源发展方向,技术上成熟安全可靠,具有较好的经济效益和社会效益。

(1) 乙醇汽油热值稍低于汽油。

总的说来,同等质量的E10中的热值稍低于汽油。1L汽油能发出31000kJ的热量,而1L乙醇汽油则仅有20217kJ(约为汽油发出热量的66%)。

(2) 乙醇汽油的辛烷值高于同规格的汽油。由于酒精的辛烷值比汽油稍高,乙醇汽油E10的辛烷值通常比汽油要高3%~4%。辛烷值的增加,减少或消除了发动机爆震声,也减少发动机后燃(熄不了火)的现象。测试表明,使用过E10后,燃烧室内的燃烧更清洁,这将减少有害的积炭和炭烟的积聚,由此延长发动机的寿命。E10中的酒精也是防冻剂,它防止寒冷天气下的汽油中的水分结冰。

2) 液化石油气(LPG)

液化石油气简称液化气,用LPG表示。LPG也是碳氢燃料,它还是石油蒸馏过程的副产品,主要是由丙烷和丁烷构成的。LPG沸点较低(图2-10),在正常环境压力下,LPG就已经沸腾,处于蒸气状态。如果将该燃料置于压力下,沸点会提高。LPG能够以液体形式存储在高压容器中,这使得存储更容易,但是在事故中也更危险。

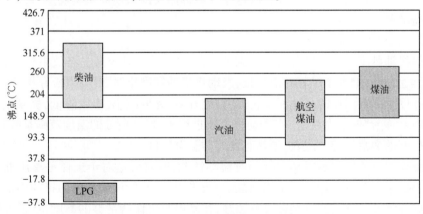

图2-10 LPG的沸点相当低

LPG的辛烷值比汽油高约100个辛烷值单位,这就意味着可以稍稍提高一些压缩比以提高效率。但是LPG的热值低于汽油。使用LPG极为清洁和无污染,现有车辆使用LPG,必须做适当的改造,例如:安装调压器、高压储液罐及一些其他部件。

3) 天然气(LNG)

自然界中天然气的储量超过石油。天然气被认为是最为现实的,并且在技术上比较成熟的车用汽油、柴油的代用燃料。压缩天然气是一种无色透明、无味、高热量、比空气相对密度小的气体,主要成分是甲烷(甲烷含量一般在90%以上)。由于其成分简单,易完全燃烧,而且燃料含碳比率少,抗爆性好,不稀释润滑油,而且能够延长发动机使用寿命。天然气的辛烷值为122~130,是一种很好的汽车发动机燃料。天然气汽车已在全世界得到了推广应用。

由于直接使用压缩的天然气,有一定的安全隐患,发达国家开始普及使用天然气合成的清洁柴油,这种清洁柴油能够满足欧V甚至更高的排放标准。

二 润 滑 油

当今的汽车质量已大为提升,其基本保证条件就是可靠的润滑。大多数汽车润滑油含有石油基物质和各种添加剂。汽车常用的润滑油液按用途可分为润滑油和传动液两类。

润滑油的主要用途为润滑,兼有密封、清洁、防锈、冷却和缓冲等作用。例如:汽油发动机机油、柴油发动机机油、齿轮油和润滑脂等。传动液的主要用途是利用油压操作系统结构部件,其中部分传动液兼有润滑油的作用。例如:自动变速器液(ATF)、动力转向机液、制动液等。

1 机油

机油给发动机各个机构提供润滑保障,具有润滑、冷却、清洗、密封、防锈和缓冲等功能。机油是由基础油与不同种类、起不同作用的添加剂配制而成的。不同的添加剂使得机油具有不同的性能,以满足发动机使用的要求。比如发动机油要具有良好的润滑性、黏温性、清净分散性、抗氧化、抗腐、抗磨和抗泡性,这些性能都需要由添加剂来实现。

1) 机油的性能

(1) 机油的黏度和黏温特性。

发动机机油黏度大时,其润滑性、密封性、缓冲性较好,但冷却洗涤效果较差,而且影响发动机低温起动性,增加了燃料的消耗量;发动机机油黏度小时,其结果恰好相反。

机油黏度是随着温度的变化而变化的,温度升高,黏度减小;温度降低,黏度增大。机油的这种性质被称为"黏温特性"。在发动机工作过程中,机油所处的温度范围是很宽的,为使机油具有良好的润滑性能,要求机油具有良好的黏温特性。

机油凝点也是用以表示机油在低温时流动性能的指标,这对于选择冬季用油具有重要的意义。为使机油具有良好的低温流动性,一般采用向低凝点、低黏度的机油中加入添加剂的方法制成多级油。它的特点是黏温特性好,在高温时可保持足够的黏度,在低温时又有较好的流动性。现在比较好用的品牌机油,多具有这一特点。

(2) 机油的清净分散性。

机油的清净分散性通常是通过在机油中加入清净分散添加剂来提高的。清净分散剂是一种具有表面活性的物质,能吸附油中的固体污染颗粒,并把它悬浮在油的表面,以保证参加循环的是清洁的机油,减小机油的高温沉淀物和漆膜的形成。分散剂将低温油泥分散于油中,以便在机油循环过程中将其滤掉。它还兼有洗涤、抗氧化及抗腐蚀等作用。因此,清净分散剂被称为多效添加剂。

机油质量的高低主要区别在抵抗高、低温沉积物和漆膜形成的性能上,也可以说表现在机油内清净分散剂的性能和加入量上。因此,清净分散添加剂对发动机机油的质量有着重大的影响。

(3)机油的起泡性。

起泡性是指机油生成泡沫的倾向及生成泡沫的稳定性能。发动机机油由于快速循环和飞溅,必然会产生泡沫,如果泡沫太多,或泡沫不能迅速消除,将会造成摩擦表面供油不足,以至于破坏正常的润滑。所以,要对起泡性进行控制,方法是在润滑油中加抗泡沫添加剂,以提高其抗泡性能。

(4)机油的抗氧化性及防腐性。

抗氧化性是指机油抵抗大气(或氧气)的氧化作用而保持其性质不发生永久变化的能力。机油在使用与储存过程中,与空气中的氧气接触发生氧化反应而产生一些氧化物,如酸类、胶质等。这些氧化物聚集在油里,使油的外观和理化性质发生变化,如颜色变暗、黏度增加、酸性增大,并有胶状沉积物析出,会腐蚀零件或破坏发动机正常工作。因此,发动机不能使用氧化稳定性差的润滑油。由于机油经常在高温、与氧接触的条件下工作,不仅要求其具有一般条件下良好的抗氧化性,而且要具有在高温条件下良好的热抗氧化性。为此,这些润滑油中通常都加有性能良好的抗氧化添加剂。

由于润滑油在使用过程中不可避免地被氧化而生成各种有机酸,在高温、高压、有水分存在的条件下,将对金属起腐蚀作用。特别是高速柴油机使用的铜铅、锡铝轴承,其抗腐蚀性较差,在润滑油中即使只有微量的酸性物质也会引起轴承严重的腐蚀,使轴承表面出现斑点,甚至整块剥落。所以发动机机油特别是柴油机油,对腐蚀性指标有严格要求。因此,柴油机不可使用汽油发动机用的机油。

(5)机油的抗磨性。

发动机配气机构中的凸轮挺杆副、凸轮摇臂副、气门杆导管副及活塞(环)缸筒副等,由于受润滑条件、结构类型的影响,存在着表面负荷大、滑移速度高、速度变化频繁与润滑困难的矛盾。因此,磨损和疲劳损伤比较严重。所以,发动机机油中必须加入抗磨剂,使之具有良好的抗磨性。

2)发动机机油的分级

国际上广泛采用美国 SAE(美国汽车工程师学会)黏度标号和 API(美国石油学会)质量标号来标识机油的质量和黏度值。

图 2-11 所示为机油桶标注,怎样正确识别其含义呢?

长城金吉星"SN/CF/5W-40 全合成"机油的意义如下:

SN/CF——国际美国石油学会(简称 API)的机油质量标号,适用于 2010 年以后生产的新型汽油发动机,也可适用于新型重负荷增压高速柴油机。

SAE——美国汽车工程师学会简称。

5W-40——美国汽车工程师学会(简称 SAE)的机油黏度标号,适用于 -30~40℃ 的环境温度范围。

全合成——机油的基础油为 100% 化学合成。

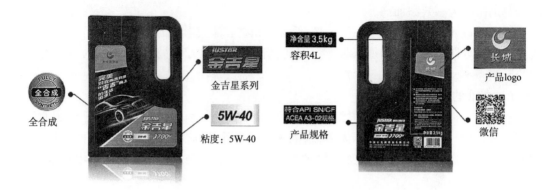

图 2-11　长城金吉星"SN/CF/5W-40 全合成"机油

（1）SAE 机油黏度分级标准。

现在通用的机油黏度分级为 SAE 标准。SAE 采用的是黏度等级分类法。SAE 机油黏度标准是把机油分为高温黏度级号和低温黏度级号，级号末尾带 W 的为低温黏度级号，数字表示黏度值。W 前面的数字越小说明低温黏度越低，发动机冷起动时的保护能力越好；W 后面的数字则是机油耐环境高温的指标，如表 2-2 所示。

SAE 机油黏度标准　　　　　　　　　　　　　　　　　　　　　表 2-2

SAE 标号	临界泵送温度	冷起动可靠点
SAE 0W	-40℃	-35℃
SAE 5W	-35℃	-30℃
SAE 10W	-30℃	-25℃
SAE 15W	-25℃	-20℃
SAE 20W	-20℃	-15℃
SAE 25W	-15℃	-10℃

机油黏度分单级油和多级油两类，现在通用的为多级油产品。

单级油：对-18℃和100℃所测得的黏度值能满足其中之一者，称为单级油。

按-18℃（冬用），发动机油分为 0W、5W、10W、15W、20W、25W 六个级别；按100℃（春、夏、秋用），发动机油分为 20、30、40 和 50 四个级别。

多级油：能同时满足-18℃和100℃两方面黏度要求的机油，称为多级油。多级油牌号标记为 5W-20、5W-30、5W-40、5W-50、10W-20、10W-30、10W-40、10W-50、15W-20、15W-30、15W-40、15W-50、20W-20、20W-30、20W-40、20W-50，代表冬用部分的数字越小（适用最低气温越低），代表夏季部分的数字越大（适用的最高气温越大），适用的气温范围越大。这种机油可以适应一定温度变化的区域，因此可在某一地区范围冬夏通用。例如：标号为 SAE 5W-40 的机油，可以使用在-30~40℃的温度范围。图 2-12 所示为机油的适用温度范围。

```
0W耐外部低温-35℃
5W耐外部低温-30℃
10W耐外部低温-25℃
15W耐外部低温-20℃
20W耐外部低温-15℃
30耐外部高温30℃
40耐外部高温40℃
50耐外部高温50℃
```

图 2-12　机油的适用温度范围

(2) API 使用质量分级标准。

现在发动机机油质量分级遵循 API 标准。API 采用的是机油品质等级评定标准,将润滑油分成汽油机用和柴油机用两大类。汽油机用润滑油用"S"表示,后面紧跟一个英文字母,如 SJ、SL、SM 等,字母排序越靠后,润滑油的品质越高。目前最高级别的 SN 级为顶级机油,详见表 2-3。柴油机油用 C 表示,后面紧跟一个英文字母,如 CC、CD、CE、CF、CG、CH 等,详见表 2-4。

汽油发动机机油的质量分级 表 2-3

级别	使用状态	适用范围
SA ~ SJ	淘汰	已过期,不再使用,同时也不再拥有 API 许可
SL	在用	为 API 2001 年标准,用于 2001 年型或更早的汽油发动机
SM	在用	为 API 2004 年标准,适用于目前所有使用的汽油发动机,它具有更高的抗氧化性、抗磨性、抗沉淀性和抗低温性能并具有一定的节能效能
SN	在用	为 API 2010 年标准,高温清净性高于 SM,适用于强化程度更高的涡轮增压发动机

柴油发动机机油质量分级 表 2-4

级别	使用状态	适用范围
CA ~ CF	淘汰	已过期,不再使用,同时也不再拥有 API 许可
CG – 4	在用	用于 1995 年型或更早的柴油发动机,并可向前替代老型号各级柴油机油
CI – 4	在用	用于 1998 年型或更早的柴油发动机,并可向前替代老型号各级柴油机油
CH – 4	在用	用于 2002 年型或更早的柴油发动机,并可向前替代老型号各级柴油机油
CI – 4	在用	用于 2006 年型或更早的柴油发动机,并可向前替代老型号各级柴油机油
CJ – 4	在用	适用于满足欧Ⅳ/欧Ⅴ排放要求的带废气再循环(EGR)系统或带有颗粒捕捉器(DPF)的高速柴油机

从表 2-3、表 2-4 中可以看出,机油级号越靠后,性能越好,选用机型的工作条件越苛刻。汽油机油系列中的后三个级别,依次反映了汽油发动机不同年代性能和结构发展的不同要求。柴油机油系列从 CG、CF 至 CJ,反映了汽车柴油机强化后性能提高的过程。

API 使用的标号今后将随发动机及其润滑油的发展,按英文字排列的序号增加新的级别。SAE 黏度分类法和 API 使用分类(质量分类)已被国际标准化组织(ISO)确认,发动机机油将不另订国际标准。

(3) 按基础油的分类。

机油由基础油与添加剂调制而成,分为纯合成机油、半合成机油、矿物机油三种。基础油制造途径有两种,一是由石油经提炼和精炼制成的天然矿物基础油,二是将化工原料经化学合成的方法制成的合成基础油。以矿物基础油与添加剂调制而成的机油称为矿物机油,以合成基础油与添加剂调制而成则称为合成机油。根据合成基础油的调制比例,合成机油又分为全合成及半合成机油。

矿物机油的基础油是从原油中提炼而成的。国内市场上销售的多为矿物机油。

全合成油是以 100% 合成基础油调制的机油,在这类进口机油的包装上往往会见到"100% Synthetic""Fully Synthetic",其标示着"全合成机油",如图 2-13 所示。

半合成机油介于矿物油与全合成油之间,通常由矿物油以及部分的合成油,依照各厂商不同的比例混合而成,油质高于矿物油低于全合成油,如图 2-14 所示。

图 2-13 符合节能规格的纯合成机油

图 2-14 壳牌半合成机油

矿物机油与合成机油的区别在于,合成机油的抗高温氧化、抗黏度变化、抗磨损能力更强。合成机油的黏度变化受气温影响很小,所以既能在低温环境中流动顺畅,又能在高温环境中保持适当的黏度,减少发动机磨损。

另外,合成机油提炼纯度高,在发动机持续高温运作下,不易氧化分解产生油泥和积炭,其劣化速度比矿物机油慢 50%,使用时效也更长。一般使用矿物机油的车行驶 5000～7500km 就必须换油,而合成机油,其换油里程可延至 10000～30000km。

3) 关于 ACEA 标准的型号

ACEA 是欧洲汽车制造商协会的规范。在 ACEA 的系统中,针对汽、柴油车发动机机油的品质选用作业分类。以"A"开头表示针对汽油发动机机油的规范,目前分为 A1、A2、A3 及 A5 四个等级;以"B"开头表示针对轻负荷柴油发动机机油的规范,目前分为 B1、B2、B3、B4 及 B5 五个等级;以"E"开头表示针对重负荷柴油发动机机油的规范,目前分为 E2、E3、E4 及 E5 四个等级。

在机油效能上,欧洲汽车制造商往往比美国有更高要求。汽车方面,欧洲汽车制造商较关注汽油机油对密封材料的适应性、油泥产生及热稳定性问题。商用车方面,欧洲柴油机油单位体积润滑油所承受的负荷比美国的高。由此可见,欧洲 ACEA 认证比美国 API 更为严格苛刻。

因此,只通过美国 API 认证的机油不可以在欧洲生产的发动机上使用,否则机油会容易劣化变质,换油周期大幅缩短。相反,已经通过 ACEA 认证的机油可以应用在美国汽车发动机上。事实上,根据欧洲法例,机油如果没有通过 ACEA 认证,是不允许在欧洲市场上出售的。

4) 关于节能机油的型号

现在各大汽车生产厂家开始提倡使用带有 ILSAC 标记的节能机油,ILSAC 为国际润滑剂标准化和批准委员会的缩写,如图 2-15 所示。20 世纪 90 年代初,ILSAC 由美国汽车制造商协会(AAMA)和日本汽车制造商协会(JAMA)共同发起。

目前,ILSAC 组织制订了汽油机油的 GF-1、GF-2、GF-3、GF-4 和 GF-5 规格,"GF-X"规格要求在达到 API 相应质量等级的基础上,对产品的节能环保性能提出了更为严格的要求,例如:GF-4 认证要求产品在达到 API SM 质量级别的基础上通过 EC 节能认证,详见表 2-5 与图 2-16。其标识含义为:

GF 规格 = API 级别 + EC 节能要求

a) API SM/SAE 5W-20级节能机油　　b) ILSAC节能机油认证标志

图2-15　ILSAC节能机油规格标识

ILSAC节能机油规格标准　　　　　　　　　　　　　　表2-5

型　号	型　号　解　读
GF – A	SH + 节能要求
GF – 2	SJ + 节能要求
GF – 3	SL + 节能要求
GF – 4	SM + 节能要求
GF – 5	SN + 节能要求，满足2010排放标准，能有效降低发动机运行过程中积炭和油泥的生成，提高燃油经济性和低尾气排放性能

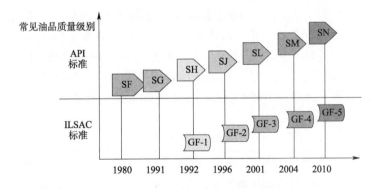

图2-16　API与ILSAC标准对应关系

满足GF–5规格的机油对油泥、沉积物控制能力、排放系统保护能力、密封能力，都在SN规格的基础上有着更严格的要求。GF–5规格机油在发动机降噪、降冲击方面也有着很好的效果，对冷起动时发动机的不良噪声也有很大改善。达到GF–5规格的机油可以更好地适应当下日益精密的发动机，尤其是对涡轮增压发动机、生物燃料发动机的保护能力更为突出。

5）机油的选择

机油被誉为汽车的"血液"。一台发动机工作质量的好坏与寿命的长短，在很大程度上取决于机油质量的优劣。例如：同样的捷达轿车，维护好的可50万km不大修；而维护不当的，几万km就得大修。这里面虽然也有其他因素的影响，但机油的润滑却是最主要的因素。

发动机机油会因氧化或受热的原因而变质（图2-17），故必须定期更换。

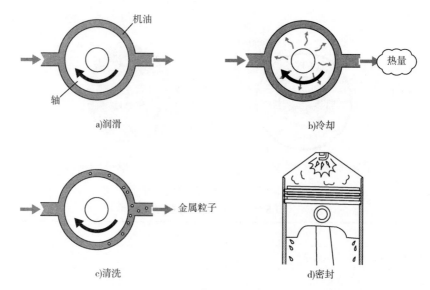

图 2-17 机油的变质

一台运行平稳、顺畅的发动机肯定省油,怎样才能做到运行平稳、顺畅呢?根据车辆使用情况,定期更换机油是最简单、也最有效的方法。换过机油的发动机运转轻松、提速畅快。换机油可谓投资小、收益大,省下的燃油可不少,不可忽视。

(1) 确认车辆使用的运行条件。

随着汽车行驶里程的增加,汽车的技术状况会逐渐变差,汽车的性能也逐渐下降。因此,需要通过维修手段来恢复汽车正常的技术性能。汽车使用情况不同,维护的强度和深度也不同,费用支出也相差较大。不及时维护或过度地进行维护,都会破坏汽车正常的配合状态,造成汽车的早期损坏,也会导致汽车使用费用的增加。汽车维护一般分为普通条件下的维护和苛刻条件下的维护两种(表2-6),确定汽车的运行条件是进行车辆维护的首要工作。

汽车使用的环境类型　　　　　　　　　　表 2-6

苛　刻　环　境	普　通　环　境
①在灰尘多、凸凹不平、泥泞或盐渍的路面行驶。 ②每次行驶不超过10km的距离,而且多数以低速行驶为主。 ③长时间怠速或经常低速行驶,例如:经常行驶在塞车严重的地区。 ④制动频繁,而且经常紧急制动。 ⑤50%以上时间在温度高于30℃的气候条件下高速(120km/h)行驶。 ⑥在30℃以上的气候条件下,在交通拥挤的市区行驶时间超过总时间的50%。 ⑦经常超载运行。 ⑧在0℃以下的气候条件下使用,并且每次行驶里程低于15km	除苛刻运行情况以外,经常行驶在铺装路面,以环境良好的中长途行驶为主的行驶情况,被称为普通使用条件

(2) 厂家换油间隔的意义。

从很多车型的《用户使用手册》中可以看出,汽车在苛刻环境与普通使用条件运行后,维护项目的主要差别,仅为机油的更换周期,因此,更换机油成为汽车维护最为重要的环节。

使用符合或高于原厂规格的优质机油对节省燃油有益,一旦使用不当的劣质机油或低于原厂规格的机油,会因润滑不良或不足造成发动机效率降低,除了会增加油耗,也会对发动机造成相当大的伤害。另外,应该定期更换机油,因为如果延期更换机油,机油功能会降低,以致产生油泥,降低其润滑能力,增加发动机内部摩擦阻力而使油耗增加。

(3)使用优质机油的益处。

选择机油的最低标准,就是要根据《用户使用手册》的要求来确定使用相应质量级别的机油。超过该级别的高级别机油可以替代低级别的机油,而低级别的机油不能替代高级别的机油。

API标准机油级别都是向下兼容的,例如:API SN质量级别的机油可以替代所有低于SN级别的API标号的机油。因此,如果发动机没有烧机油现象,车主的经济条件允许,应尽量选用更高级别的机油。因为选用高质量级别的机油既可延长发动机寿命,又可降低燃油消耗,减少磨损,同时还能够延长换油周期,节省机油,节省维修费用。

例如:API SN 纯合成机油的更换间隔里程一般可达 15000km 以上,若配合长寿命机油滤芯使用,更换间隔里程是普通机油的 2~3 倍,经济效益非常明显。需要注意的是发动机油的质量级别越高,其价格也越贵。如果发动机烧机油的话,若用它,反而不经济了。

使用高档优质机油,对发动机有很好的保护作用。高档优质机油的润滑更高效,清洁更彻底,散热更快速,密封性更好,进而节省燃油,延长机油更换周期,对发动机的保护更富成效,发动机因此更加长寿。另外,使用高档优质机油的发动机具有相对节油的特点。由于发动机的内摩擦损耗降低,使用高档机油的发动机比使用普通机油的发动机节省燃油约 0.2~0.3L/(100km)。如果按 10000km 换油周期计算,使用高档机油可减少一次换机油作业,又可节省汽油 100 多升(仅省下的汽油钱足够购买一桶名牌的纯合成高级机油了)。这种既减少换机油次数,又节省燃油,而且延长了发动机寿命的做法,很值得采用。

6)机油使用注意事项

(1)汽油机油不能用于柴油机。

柴油机内的压缩和燃烧压力极大,并对其旋转部件施加极大的力。因此,柴油机中所用的发动机油必须能形成很坚固的油膜。用专用的汽油机油代替柴油机油,会加速柴油机的磨损。汽油机油和柴油机油原则上应区别使用,只有在汽车制造厂有代用说明或标明是汽油机和柴油机的通用油时,才可代用或在标明的级别范围里通用。

(2)机油黏度应尽可能小些。

在保证发动机可靠润滑的前提下,机油黏度尽可能小些。黏度大的机油除在南方夏季使用外,仅适用于一些严重磨损的发动机。一味地选用高黏度的机油,会使发动机运转时的阻力增加,从而使燃料消耗量增大。选用黏度太低的机油,又有可能使机油压力过低,润滑油膜强度不够,密封不严。所以要根据车况、季节来正确选用机油。

(3)坚持经济适用的原则。

在选择机油的使用级时,高级机油可以在要求较低的发动机上使用,但过多降级使用也不经济。切勿把使用级较低的机油加在要求较高的发动机上使用,否则会造成发动机早期磨损和损坏。

(4)保持适当的油量。

必须保持曲轴箱有足够的机油量。机油量过少,会导致机件烧坏并加速机油变质;机油面过高,会从汽缸与活塞的间隙中窜进燃烧室使燃烧室积炭增多。

(5) 适时换油。

有条件时,可实行按质换油;没有条件时可按使用说明书推荐或车型规定的换油里程换油。如大众轿车使用 SN 级机油,在一般地区换油里程为 12000～15000km(或一年)。越是高级的机油,更换的周期就越长。

不同规格、不同厂家生产的机油不要混用。因为不同的机油添加剂成分不同,混在一起时易形成沉淀物,对发动机润滑不利。

为了延长机油的使用期限,在换油时要放净旧机油,并清洗润滑系;发动机在工作中,应保持曲轴箱通风装置良好;添加新油时,应注意不要让杂质和水分混入。换油同时还应更换机油滤清器滤芯。

② 齿轮油

齿轮油用于机械变速器、驱动桥、分动器和部分机械转向机的润滑,是最易被忽视的环节。它是由精制润滑油为基础油,加入抗氧化、防腐蚀、防锈、消泡、极压抗磨等多种添加剂调和而成的。因此,齿轮油具有良好的润滑性能。它和其他润滑油一样,具有减磨、冷却、清洗、密封、防锈和降噪等作用。但其工作条件与发动机油不同,性能要求也有所不同。

1) 齿轮油的使用要求

齿轮油要具有良好的润滑性和高的极压性;具有适当的黏度(比发动机油较高)和较好的黏温特性;较好的低温流动性;较好的防腐性和抗氧化安定性;良好的抗泡性。目前,齿轮油均采用 SAE 黏度分类标准和 API 质量分类标准来标定齿轮油性能的标号。

图 2-18 市场上出售的齿轮油

例如:图 2-18 中油桶包装上注有"API GL-5 SAE 85W—90"的标记。

API——国际美国石油学会简称;

GL-4——齿轮油质量标号,适用于双曲线齿轮传动之润滑;

SAE——美国汽车工程师学会简称;

85W—90——齿轮油黏度,适用于 -35℃ 以上的温度范围,达到双级黏度标准。

齿轮油黏度分为 70W、75W、80W、85W、90、140、250,共 7 个级别,带 W 字母的为冬季用油,同时符合两个黏度级的齿轮油称为多级齿轮油。如 SAE 85W-90,即表示其低温黏度符合 SAE 85W 的要求,而高温黏度又符合 SAE 90 的要求,可以在某一地区全年通用,也可根据当地温度选用。

按齿轮负荷承载能力和使用场合不同,API 标准的齿轮油分为 GL-1、GL-2、GL-3、GL-4、GL-5、GL-6,共 6 个等级。级别越高,承受极端的压力越强,高标号油可以用于低标号齿轮油的适用部位。

2) 齿轮油的选用

车主应按车辆使用说明书的规定选择与该车型相适应的齿轮油品种和牌号,如表 2-7 所示。

齿轮油环境温度使用参考   表2-7

使 用 范 围	相对应的SAE规格（按黏度分类）	相对应的API规格（按质量分级）
冬季使用于一般汽车的齿轮传动装置上	SAE 90	GL-2
长江以南地区全年,长江以北地区夏季使用于一般汽车的齿轮传动装置	SAE 140	GL-2
冬季使用于准双曲线齿轮传动装置的汽车上	SAE 90	GL-3
夏季使用于准双曲线齿轮传动装置的汽车上	SAE 140	GL-3
用于气温在-10~30℃地区,具有准双曲线齿轮传动装置的汽车上	SAE 90	GL-4
用于气温在32℃以上地区,具有准双曲线齿轮传动装置的汽车上	SAE 140	GL-4
用于气温在-35~+10℃严寒地区,具有准双曲线齿轮传动装置的汽车上	SAE 85W	GL-5

对于普通车辆,在一般工作条件下的驱动桥和变速器,可选用普通车辆齿轮油;结构为准双曲线齿轮的驱动桥,则必须根据工作条件和环境温度,选用中等负荷的车辆齿轮油或重负荷车辆齿轮油。

③ 润滑脂

润滑脂是半固体式的,常用于轮毂轴承、传动轴万向节轴承等不易进行压力润滑的部位。车用润滑脂有多用途润滑脂、传动轴万向节用锂皂基乙二醇润滑脂等,使用时注意按维修手册选择适当型号的润滑脂。

注意: 橡胶零件接触矿物油产生膨胀现象,导致发生不良影响,如传动轴万向节防尘套、制动皮碗等遇矿物油后变硬、膨胀变脆等。因此,在有橡胶零件的部位要施涂锂皂基乙二醇型润滑脂。

1) 多用途润滑脂

多用途润滑脂颜色呈赭黄色,主要使用在轮轴轴承、万向节、变速操作机构等部位,如图2-19所示。

a) 多用途润滑脂　　b) 轮毂轴承润滑脂　　c) 二硫化钼锂皂基润滑脂

图2-19　丰田车型所用的各型号润滑脂

2) 二硫化钼锂皂基润滑脂

二硫化钼锂皂基润滑脂颜色为黑色,使用在转向机的齿条和小齿轮等部位,如图2-19所示。

④ 长效冷却液

长效冷却液也被称为长效防冻液,主要由乙二醇、水和其他添加剂混合而成,适用于各个季节。防冻液降低了冷却剂的冰点,防止冷却系统生锈或被腐蚀。

很多人将防冻液仅作为冬季水冷发动机的冷却液,到了春暖花开时就将防冻液换掉,使用普通水作冷却液。殊不知这样做既浪费了防冻液,又不利于保护发动机。现代发动机的强化程度较高,热负荷较大,多采用压力循环冷却方式,要求冷却液的沸点超过100℃,普通的水容易沸腾,因此就难当此任了。另外,发动机被制作得越来越精细,冷却水道孔隙越来越小,使用普通水容易产生水垢和锈蚀,容易堵塞冷却水道,使发动机不能正常工作。因此,只能使用符合要求的防冻液。

1) 防冻液的作用

长效防冻液一般都具有防冻、防锈、防沸腾和防水垢等性能。另外,防冻液的低温黏度小,化学安定性好,蒸发损失少,泡沫少,不损坏橡胶制件。长期使用防冻液,可提高发动机热效率并节油。

2) 防冻液的规格

很多防冻液产品可以制成浓缩液,沸点高达148℃,由用户直接使用或用清洁水稀释后使用,也可以制成一定冰点的成品,可直接使用。市场上销售的长效防冻液,可四季通用,有-18℃、-35℃、-45℃等牌号,见图2-20。

图2-20 市场上的长效防冻液

使用时请参考汽车使用环境的最低温度选择,要有足够的冗余度。一般的做法是选择防冻液的最低冰点比车辆运行地区的最低温度低10℃左右,以备突发的强冷气候。

3) 防冻液的选用

防冻液的更换周期为2年,或是行驶30000~40000km。有的防冻液存放1年后,会出现少量絮状沉淀,这种现象多半是添加剂析出造成的,仍可使用。如果出现大量的颗粒沉淀,表明该防冻液已经变质,不能再使用了。需要提醒的是,更换防冻液前必须清洗发动机冷却系统。

注意:不同品牌和种类的防冻液不要混用,更换另一品牌防冻液时最好彻底清洗发动机冷却系统。

⑤ 自动变速器油

自动变速器油(ATF)是一种高质量、高精炼的具有传动和润滑功能的油液,主要用在汽车自动变速器中。ATF使用不当,会引发许多自动变速器故障。据有关部门统计:自动变速器90%以上故障,例如,换挡冲击、跳挡迟缓、失速等,多因自动变速器过热或ATF变质过脏引起。因此,自动变速器或ATF要求较高,维修人员不可随意添加。

1) ATF 的型号

ATF 分为通用型 ATF 和专用型 ATF 两类,通用型 ATF 是指可使用于大部分车型自动变速器的 ATF。例如,美国通用 GM 标准的 DEXRON Ⅱ 型 ATF(GMC 标准),被大部分自动变速器所采用。另外,还有 FORD 标准的 ESW-M2C-33E/F 型 ATF,被欧洲和日本等车型所采用。而专用型 ATF 是指由汽车厂家指定的某一品牌规定型号的自动变速器油,例如:大众、奔驰、宝马等车型的自动变速器均要求使用专用的 ATF,见图 2-21。

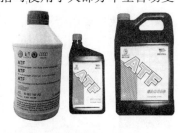

图 2-21　各车型专用的 ATF

2) ATF 的专用属性

由于各汽车厂家的自动变速器的摩擦系数各不相同,所以使用的 ATF 性能表现也不同。例如,从图 2-22 中曲线比较可以看出,通用的 ATF 与福特的 ATF 性能表现并不相同,用在同一自动变速器上会有较大的差别。因此,ATF 不能混用。如果混用 ATF,会造成自动变速器摩擦片的早期损坏,容易发生换挡冲击、离合器咬死、制动器打滑和零件早期磨损等现象,甚至在短期内损坏变速器。

自动变速器的正常工作温度一般在 140℃ 左右,对 ATF 的质量要求很高,而且其清洁度很敏感。如果 ATF 脏污,其抗磨效果明显降低,会大大影响各部件的寿命;ATF 中的油泥等污物会加大摩擦片和部件的磨损,而且还影响系统油压,使动力传递效率降低;另外,ATF 中的油泥等污物还会使电磁

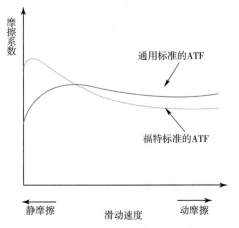

图 2-22　不同种类 ATF 性能差别

阀的各阀体油管中的油流动不畅,油压受影响,从而使自动变速器出现提速慢、换挡动作慢或失速等故障,严重时还会因油压不足导致摩擦片烧毁,导致变速器报废的后果。

3) 定期更换的要求

在正常的使用条件下,ATF 在汽车行驶一定里程数后,必须更换,各车型在随车使用手册上都有明确的规定。虽然有些车采用终身免换方式,但为了延长自动变速器的使用寿命,还是定期更换为宜。

例如:通用型 ATF 的更换间隔里程约为 160000km,大众车型的 ATF 更换间隔里程约为 40000km。如果汽车行驶条件恶劣,如高温炎热地带、山区或者长期大负荷运行等,应适当缩短换油间隔里程。

ATF 未能及时更换时,容易造成油品变质、黏度降低,会加速摩擦片间的磨损,动力传递效率下降,增加油耗等现象;另外还易使油液中的油泥阻塞油路、损伤阀体、阻塞柱塞,甚至产生换挡冲击。

6 动力转向液

动力转向液的作用就像液压传动油,可以产生液压力,也可作为动力转向油缸和油泵的润滑剂,见图 2-23。ATF 可以满足这些要求,可用作转向液。

7 制动液

制动液主要用于液压制动系统和液压离合器操纵系统的能量传递,如图2-24 所示。

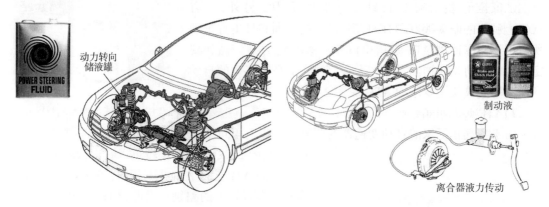

图 2-23 ATF可用作动力转向液　　图 2-24 制动液用于制动系统和离合器的液压传动

由于制动系统使用了大量橡胶零件,如皮碗、套管、软管等。因此,制动液由非石油类液体组成,主要是乙二醇、乙醚和不影响橡胶及金属的酯类构成。制动液的好坏,关系着生命安全,故国家质检部门对此监管甚严。

1) 制动液的性能要求

汽车制动液是液压制动系统和液压式离合器操纵机构传递能量的工作介质,必须具有多种适应现代汽车的性能要求,以保证行驶安全。

制动液应有较高的沸点,适宜的高温黏度和良好的低温流动性,优良的抗氧化、抗腐蚀和防锈的性能,吸湿性要低,水溶性要好。另外,制动液对橡胶制件要有良好的适应性。

2) 制动液的规格

常用制动液的规格有 DOT3、DOT4、DOT5 3 种。DOT 是美国汽车安全标准规定,数字越大,其级别越高,性能越好。常用的 DOT3 与 DOT4 的不同之处主要在于沸点不同,DOT4 比 DOT3 更耐高温。DOT5 是硅基制动液,会对普通橡胶件产生较强的损害,并不通用。因此,在一般的制动系统中,不要随意添加使用 DOT5 规格的制动液。DOT 规格制动液性能指标如表 2-8 所示。

DOT 规格制动液性能指标　　表 2-8

DOT 规格等级	沸点(℃)	吸湿沸点(℃)	运动黏度(cst)	备注
DOT3	≥205	≥140	≤1500	1.沸点是含水量为0状态下的温度; 2.吸湿沸点是含水量为3.5%状态下的温度; 3.运动黏度是以cst为单位,表示的-40℃的黏度
DOT4	≥230	≥155	≤1800	
DOT5	≥260	≥180	≤900	

我国实施与国际通用标准接轨的国家强制产品标准 GB 12981—2003《机动车辆制动

液》。按照 GB 12981—2003,将制动液分为 HZY3、HZY4、HZY5,分别对应国际上的 DOT3、DOT4、DOT5。

3) 制动液的选用

从安全角度讲,制动液关乎生命安全。因此,世界各国对制动液的生产要求非常严格。市场上销售的制动液以进口和合资生产的品牌产品居多,而且质量可靠,使用也方便。车主可以根据汽车使用说明书的规定选用制动液。普通汽车可使用 DOT3 型号的制动液,比较高级的车辆可选用 DOT4 型号的制动液。

4) 制动液使用的注意事项

(1) 各种规格和品牌的制动液绝对不能混用。否则,会因化学反应降低制动液的性能,或产生分解作用而失去功用。

(2) 加注或更换制动液时要注意清洁,被污染的制动液不能使用,不允许细微杂质混入制动系统。

(3) 谨防石油基油污染制动液,以防其损坏制动系统的橡胶零件。

(4) 存放制动液的容器应当密封,防止水分混入或吸收水汽使沸点降低。更换下来和装在未密封容器的制动液不能再用。

(5) 注意不要让制动液接触车漆表面。若制动液溅到漆面时,须立即用水冲洗,否则将损坏车漆表面。

三 维修中常用的特种工作油液

车辆维修中常常用到金属清洗剂、化油器清洗剂、螺栓松动剂、密封胶和黏合剂等油液。

1 金属清洗剂

在维修汽车时,大多采用柴油、煤油或汽油作清洗液来清洗零件。这不仅浪费能源,且存在着潜在的不安全因素,稍有不慎,就可能酿成火灾。近年来,常用金属清洗剂替代柴油、煤油和汽油来清洗零件,而且价格便宜,使用安全,很适合于机械化清洗作业。它可以洗涤金属,而不会有锈斑。

1) 金属清洗剂的成分

金属清洗剂是由表面活性剂与添加的清洗助剂(如碱性盐)、防锈剂、消泡剂、香料等组成。其主要成分表面活性剂有数种类型,国产的主要是非离子型表面活性剂,有醚、酯、酰胺、聚醚 4 类,具有较强的去污能力。

2) 金属清洗剂的基本分类

金属清洗剂的种类有:酸性金属清洗剂、碱性金属清洗剂、中性金属清洗剂、溶剂型金属清洗剂等。

① 酸性金属清洗剂:一般用于清除不锈钢表面加工的机械油,除油彻底,常温情况下除油效果很好。

② 碱性金属清洗剂:需要高温清洗,常温清洗效果不是太好。

3）选用金属清洗剂时的注意事项

①注意零件污垢的种类和性质。汽车零件污垢的种类和性质差异很大，有油泥、水垢、积炭、锈迹等固相油污及润滑油、脂的残留物等液相油污。水垢与锈迹常用除垢清洗剂去除；其他油污、油脂等可用重油污清洗剂清洗。

②防止零件被腐蚀。对于铜、铅、锌等易被腐蚀的零件及精密仪器、仪表的零件等，要选用接近中性、腐蚀性小、防锈能力强的清洗剂。

③要考虑清洗条件。若具有蒸汽加热条件时，可选用高温型清洗剂。以手工清洗为主或被清洗零件不宜加热时，则选用低温型清洗剂。采用机械清洗和压力喷淋时，要选用低泡沫的清洗剂。

④注意清洗剂的浓度。清洗剂的浓度与清洗效果有很大的关系，一般随着浓度的增加，去污能力也相应增强，但达到一定浓度后，去污能力不再明显提高。一般浓度控制在3%～5%为宜。若按照产品使用说明书配制的清洗剂浓度去污效果不理想时，则不应再加大清洗剂浓度，而应另选其他配方的清洗剂。

⑤要掌握好清洗剂温度。一般情况下，随着清洗剂温度的升高，其去污能力也随之提高，但超过一定温度后，去污能力反而下降。所以，每一种清洗剂都有一个最适宜的温度范围，并不是温度越高越好。特别是非离子型清洗剂，当加热到一定温度时，清洗剂便出现混浊现象，此时的温度称为"浊点"，活性剂在水中的溶解度下降，某些成分因受热发生分解而失去作用，去污能力反而降低。因此，非离子型清洗剂的温度应控制在浊点以下。

⑥掌握清洗剂的使用时间。一次配制的清洗剂可以多次使用，其使用时间主要取决于清洗零件的数量与清洗剂的污染程度，一般情况下，一次配制的清洗剂可以连续使用1～2周。为了节约清洗剂的用量，提高清洗质量，清洗时应按零件特征，合理安排清洗顺序。如先洗主要零件与不太脏的零件，后洗次要零件与比较脏的零件，这样可以延长清洗剂的使用时间。

❷ 化油器清洗剂

该清洗剂主要用于各种工件油污、发动机内积炭的清洗。市场上常见多为金属桶自喷式的产品包装，如图2-25所示。

图2-25 自喷式化油器清洗剂

1）化油器清洗剂的特点

该清洗剂对各种工件上的油污、积炭清洗效果好。清洗催化剂上的积炭，对催化剂性质无任何不良影响。化油器清洗剂可用于内燃机、压缩机、制冷机内系统的清洗，对设备无任何腐蚀性。

2）注意事项

由于自喷式清洗剂带有易燃的强挥发液体，要远离明火。保管时要储存于阴凉处，密闭保存。

❸ 螺栓松动剂

螺栓松动剂是以矿物油、液体润滑剂、固体润滑剂及多种助剂配制而成，常见的有美国的WD-40和ES-111螺丝松动剂，见图2-26。作业中，使用喷涂后能迅速形成均匀薄膜，能对各种锈死的螺栓、连接件起到除锈、润滑和松动作用,且本品无有害物质,对人体健康无害。

使用时将锈蚀难拆的螺栓处,喷上松动剂后用金属工具适力敲打反复几次,约 10min 后,等松动剂彻底渗透后就可进行拆卸了。

④ 密封胶

密封胶是用于汽车发动机、变速器、阀盖、油槽等维修部位的密封与黏结,当它用在上述壳体接合面上时可防止泄漏。密封剂多用于螺塞、螺栓的密封和锁固。

1) 国产密封胶

国内常用的密封胶产品有灰胶、红胶两类,如图 2-27 所示。该类密封胶具有出色的抗老化、抗振、抗油脂、耐高低温性能。在 -62～317℃ 之间保持性能稳定,可抵御冷热循环导致的龟裂、收缩和偏移。密封胶的使用方法见模块 8 中相关内容。

图 2-26　螺栓松动剂

图 2-27　国产的维修用红胶与灰胶

2) 进口车型用密封胶

进口车型在维修中使用的密封胶种类较多,使用时请查阅维修手册,例如:丰田车型维修用胶种类,如图 2-28 所示。

3) 螺纹锁固密封胶

该密封胶多为厌氧固化型胶黏剂,它们可在隔绝空气(缺氧)的条件下快速固化,在螺纹齿合部形成坚韧的胶层,能够有效填充螺纹间隙,增加螺纹接触面积,达到锁固、密封的目的,如图 2-29 所示。

使用时,用清洗剂彻底清洗螺纹部位(无油的表面有利于获得最佳的锁固密封效果),螺纹锁固胶涂抹至螺纹齿合处,使齿合处间隙完全充满胶液,拧紧至规定力矩。拧紧后,一般常温下 10～60min 即可初步固定。拆卸时,如选择中、低强度的锁固密封胶,用一般扳手即可方便拆卸;如果选择高强度的胶种锁固,可加热后拆卸。

4) 密封胶使用注意事项

① 在涂敷密封胶前,要仔细清除旧密封胶,并在涂胶的区域用汽油或金属清洗剂清洗。

② 操作时要严格执行维修手册的规定,只能使用规定的密封胶。使用其他型号的密封胶将会导致密封效果不好,从而漏油。

③涂胶的零件需立即安装,否则胶液固化将导致密封性降低。

④用密封胶装配零件后,不可立即加油或运行。因为密封胶在零件连接装配后需要一定的固化时间,才能达到密封的效能。

⑤使用密封胶后,须将其软管盖拧紧,以防密封胶变干。

图 2-28　丰田车型使用的维修用密封胶

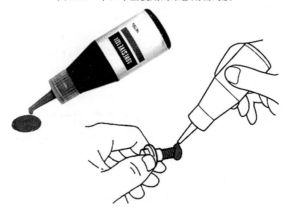

图 2-29　螺纹锁固密封胶

思考与练习

1. 判断正误

(1)辛烷值是汽油的一种特性,它表示汽油的浓度。　　　　　　　　　　　　　(　　)

(2)即使柴油机中使用了汽油也不会导致其喷油泵损坏。（   ）
(3)在车辆发动机中使用了黏度和发动机机油一样的齿轮油也不会有问题。（   ）
(4)车辆中液体用以完成动力传输、液压控制和润滑等功能。（   ）
(5)油底壳上用的密封剂有很强的黏力。因此,一旦密封剂涂在油底壳上后,油立即可倒入。（   ）

2. 选择题

(1)以下关于制动液的语句哪个是正确的？（   ）
  A. 即使制动液流到车辆的油漆表面也没有问题,因为制动液对橡胶和金属都没有影响。
  B. 即使在一种制动液中混入了另一种沸点不同的制动液,原来的沸点仍将保持不变。
  C. 制动液通常用作离合器液。
  D. 如果制动液中混入了大量的水,其沸点仍然保持不变。

(2)关于车辆使用油,下列那一个语句是正确的？（   ）
  A. API(美国石油协会)的发动机机油分类代表机油的黏度指数。
  B. 发动机机油具有多种功能,包括润滑、冷却、清洁和密封等。
  C. 齿轮油和发动机机油不同,它没有 SAE(汽车工程师协会)或 API(美国石油协会)的分类。
  D. 采用一种低黏度的油作为齿轮油,因为它能承受齿轮啮合时产生的高压。

(3)以下哪个关于液体的语句是对的？（   ）
  A. 自动传动桥液可以用作制动液的代用品,因为其质量高、纯度高。
  B. 减振器液必须定期更换。
  C. 制动液中混入水后,其沸点提高,从而改善了其性能。
  D. 液体用于动力传输,液压控制和润滑。

模块 3　螺纹紧固件

汽车是由很多复杂零部件连接在一起的组合体。这些零部件需要通过不同的连接方式进行连接，例如：螺纹连接、键连接、销连接、紧配合（过盈）连接、铆接和焊接等。其中，采用螺纹连接方式对汽车各零部件进行连接的居多，它是一种可拆的固定连接。汽车上使用了多种不同类型的螺栓和螺母。为了奠定汽车维修技术的专业基础，掌握了解这些螺纹紧固件的性质和用途是非常必要的。

学习目标

汽车常用螺栓、螺母与螺钉的基本内容是维修技能的重要组成部分。通过本模块的学习，可使学生熟悉各部位使用的不同类型的螺栓、螺母、弹性挡圈和螺钉常用知识，掌握合理使用螺栓和操作规范的技能。

学习重点

1. 螺栓的规格与选用；
2. 紧固螺栓或螺母时的工具运用技能；
3. 螺纹连接的预紧与防松知识；
4. 塑性扭力螺栓的紧固技能。

学习难点

1. 螺栓与螺母的选用；
2. 螺栓紧固力矩的确认及操作规范。

一、螺母与螺栓的规格

汽车的结构中有相当多的零部件需要彼此连接。这些零件由螺栓、螺母、螺钉和铆钉等紧固件连接在一起。螺栓与螺母为常用紧固件（或标准件）。这种紧固件是采用螺纹连接方式，利用螺纹零件构成的可拆连接，其主要功能是把车辆各部分上需要相对固定在一起的零件连接起来，如图 3-1 所示。这种连接装拆方便，连接可靠，且多数螺纹连接件已标准化，实现了批量生产，因此成本很低。

模块 3　螺纹紧固件

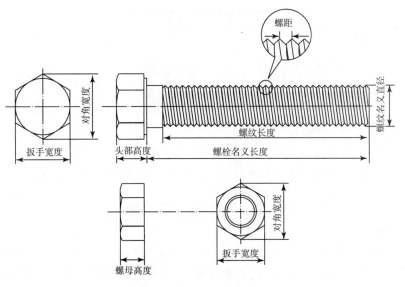

图 3-1　螺栓与螺母的各部分名称

例如：M8×1.25—4T 规格螺栓。其中：

　　M——表示公制螺纹；

　　8——螺栓外径；

　　1.25——螺距（mm）；

　　4T——螺栓强度，该符号表示最小抗拉强度的 1/10，单位 MPa，字母表示"抗拉强度"，强度一般印在螺栓头部。

1　螺栓与螺钉的类型

螺纹紧固件的种类很多，常用的螺纹紧固件有：普通螺栓、双头螺柱、螺钉以及螺母、垫圈等，如图 3-2 所示。常见的连接形式有：螺栓连接、双头螺柱连接和螺钉连接，其结构及应用见表 3-1。螺纹紧固件都是标准件，它们的尺寸和数据可从有关技术标准中查到。

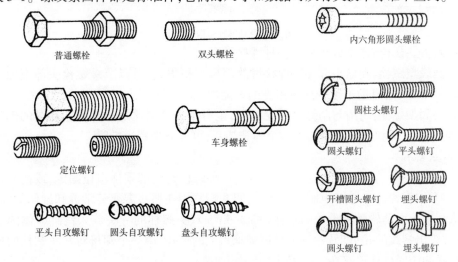

图 3-2　常见车用螺栓、螺母和螺钉

73

表 3-1 螺纹连接的主要类型及应用

类型	螺栓连接	双头螺柱连接	螺钉连接
结构			
特点及应用	无须在连接件上加工螺纹，连接件不受材料的限制。广泛用于传递轴向载荷且被连接件厚度不大并能从两边进行装配的场合	拆卸时，只需旋下螺母，螺柱仍留在机体螺纹孔内，故螺纹孔不易损坏。主要用于连接件较厚而有需经常装拆的场合	主要用于连接件较厚或结构上受到限制，不能采用螺栓连接，且不需经常装拆的场合

1）普通螺栓

普通螺栓的一端有螺纹，它们的长度是从头的底面开始一直量到螺纹的端部。螺栓穿过被连接件的通孔，与螺母组合使用，装拆方便，不受被连接件材料限制。普通螺栓广泛用于传递轴向荷载且被连接件厚度不大，能从两边进行安装的场合。螺栓的头部有普通六方型、凸缘型和垫圈型等类型，可用扳手进行紧固，如图 3-3 所示。

a）六方头螺栓　　　b）凸缘型螺栓　　　c）垫圈型螺栓

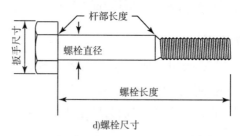

d）螺栓尺寸

图 3-3　普通螺栓结构及尺寸

（1）六方头螺栓：这是最常见的一种螺栓类型。

（2）凸缘型螺栓：螺栓头部和零件接触的部分面积很大，可以减缓螺栓头部施加给零件的接触压力。这样，有助于减少损坏零件的可能性。

（3）垫圈型螺栓：功用与凸缘型螺栓相同，也可用于拧紧比螺栓头更宽孔洞的部件。这类螺栓在螺栓头部和垫圈之间加了一个弹簧垫片，可以减少螺栓松脱。

2）双头螺柱

双头螺柱是两端都有螺纹的杆（图 3-4），这种螺柱将两端零件定位固定，或使其装配简化。它们多用在螺栓不适用的地方。例如，双头螺柱用在那些需要经常拆卸维修的零件上，比如，汽缸盖上的凸轮轴轴承盖的连接（图 3-5）。双头螺柱的一头旋入汽缸盖体的一个螺纹或者被攻出螺纹的孔里，另外一头穿过轴承盖上的螺孔，用一个螺母将双头螺柱的伸出头拧紧，这样两个零件就连接在一起了。

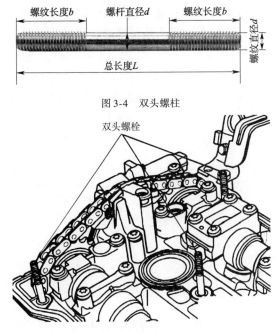

图 3-4 双头螺柱

图 3-5 汽缸盖上凸轮轴轴承盖上的双头螺栓

3)螺钉

螺钉的结构形状与螺栓类似,但螺钉头部形式较多。其中内、外六角头螺钉可施加较大的拧紧力矩,圆头螺钉及十字头螺钉都不便于施加较大的拧紧力矩,所以采用这种螺钉时,选用直径最好不要过大,通常不超过 10mm。常用的有定位螺钉、圆头螺钉、平头螺钉、自攻螺钉和特种螺钉等,见图 3-2。

①定位螺钉用来阻止两个零件之间的转动,例如皮带轮与轴的定位。定位螺钉不是无头就是有一个方头。它们可以由一个螺丝刀或一个内六方扳手拧紧或者松开。

②圆头螺钉穿过零件的一个通孔,然后再拧进另外零件上的螺纹孔或自攻螺纹孔使两个零件连接。这种螺钉的头部有圆头、平头、槽凸头、椭圆头等类型。

③自攻螺钉用来紧固薄的金属零件或者连接轻金属、木头或塑料零件。当转动自攻螺钉进入金属的孔时,它用自己的螺纹在金属里切割成与自身一样的螺纹。自攻螺钉是很容易被辨别的。其尾部有切割刃,用来攻螺纹。有些时候,自攻螺钉的尾部看起来和麻花钻头相似。常见类型的自攻螺钉如图 3-6 所示。

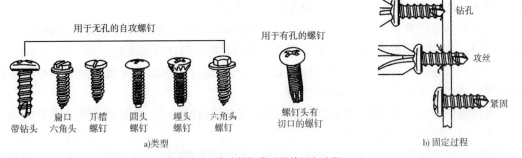

图 3-6 自攻螺钉类型及其固定过程

④特种螺钉(例如内六角星形圆拉头螺钉)大都使用在车身部分,如前照灯。因为其独一无二的设计,能防止装错。特种螺钉可使用星形的扳手或旋具松开、紧固。

2 螺母的规格

汽车上使用了许多类型和样式的螺母,主要有:六角形螺母、开槽螺母、防松螺母、方形螺母、锁紧螺母、蝶形螺母和其他特种螺母等,如图3-7 所示。

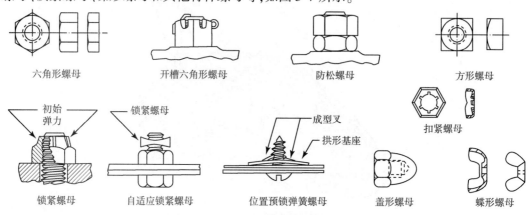

图3-7 车上常用的螺母类型

1) 普通六角形螺母

六角形螺母可以分为标准型和重型,它们都用在质量要求较高的工作场合中。这些螺母可以在紧凑的空间里很容易地用扳手拧紧。

2) 特种用途螺母

特种用途螺母类型较多,如开槽螺母、防松螺母、方形螺母、锁紧螺母、自锁螺母、弹簧螺母、盖形螺母和蝶形螺母等。

开槽螺母也称开口销槽的螺母。这种螺母用在螺母容易松脱的地方,例如振动导致螺母松动的地方。开口销在适当的位置锁住螺母。

防松螺母是比标准螺母薄的螺母,用在高度上受限的地方或把工作的螺栓锁在适当的位置。

方形螺母是标准型或重型没有精加工的螺母,用在和方头螺栓配合的粗糙的装配工作场合,比如车身部件的装配。

锁紧螺母有自锁止特征,可以阻止向回转动。它们设计有负尺寸公差的螺纹,还有塑料或者纤维的嵌入物,这样的设计可起到夹紧的作用。

自锁紧螺母用来扣在六角头螺栓上。当它接触六角螺母顶部的时候,螺母的凹面就会变平使得它的螺纹偏斜,因此就把螺母约束在螺栓上从而防止螺母变松。

弹簧螺母是由薄的弹性金属片构成,见图3-6,它设计成拱形内叉状。弹簧螺母可以使用在薄而且不要求用大力矩金属片部件上。

盖形螺母用在外露螺纹的根部要求被隐蔽或不暴露的场合,或者用在要求螺母能引人注意的地方,一般由不锈钢制成。

蝶形螺母有两个臂(或叫凸出部分)来帮助我们拧紧或拧松。这种螺母一般用于很频繁的被拧紧或拧松的场合,一般不需要用大力矩拧动。

③ 垫圈

垫圈是螺纹连接中常用的附件,多数的垫圈都是放置在螺栓下面用来锁紧螺栓,防止螺栓松动,其作用是增大被连接件的支承面,降低支承面的压力,防止拧紧螺母时擦伤被连接件的表面,又可防止螺母松脱(如弹簧垫圈等),如图3-8所示。常用的垫圈有平垫圈和弹簧垫圈等。垫圈还有其他的功能,比如,火花塞下的铜制密封垫可以在火花塞螺栓和汽缸盖结构体之间起到密封的作用,这种垫圈称作压力密封垫。当螺栓的螺纹在油液内或者在油液附近的时候,这种压缩垫圈可以防止油的泄漏。有的汽车就在油底壳上使用铜制密封垫来消除油的泄漏。平垫圈也用来帮助减小螺母作用对象上的夹紧力,防止拧紧螺母的时候螺母陷入材料中。

平垫圈　　　弹簧垫圈　　　外齿锁紧型垫圈　　内齿锁紧型垫圈

图3-8　车上常用的垫圈类型

在拆卸任何的汽车零部件的时候,有必要检查它们使用的是哪种类型的垫圈。在装配的时候,要记住使用和原来相同类型的垫圈。

④ 螺纹的规格

利用特定的刀具在圆柱表面上沿螺旋线切制出特定形状的沟槽,即可形成螺纹。根据其牙型,螺纹可分为普通(三角形)螺纹、管螺纹、矩形螺纹和梯形螺纹等。位于圆柱体外表面上的螺纹称为外螺纹;在圆柱体孔壁上形成的螺纹称为内螺纹(本模块仅对普通三角螺纹进行介绍)。车用螺纹根据生产厂商的国别,有公制和英制两种规格,并有粗牙螺纹和细牙螺纹两种规格。

1)粗牙螺纹和细牙螺纹

粗牙螺纹可以分为公制粗牙螺纹和英制粗牙螺纹两种,均可用在通用的工作场合。它们很适合铸铁和软金属件的快速安装和拆卸要求。细牙螺纹可以分成公制细牙螺纹和英制细牙螺纹两种。细牙螺纹主要用于需要很大抗振动能力的情况下。英制细牙螺纹也用在需要很大的连接强度和紧固力的情况中。

2)公制与英制螺纹

公制螺栓杆部和螺栓长度都以毫米来度量,而英制螺栓与螺母则采用英寸来度量,各自采用的螺纹标准并不对等。因此,公制螺栓的尺寸与英制螺栓之间有相当大的差别,如图3-9所示,不可互换使用。

3)螺纹规格的测量

螺纹规格可以通过螺纹规测量出来,如图3-10所示。螺纹规由许多钢制规片组成,每片的一个边缘有螺纹形的齿。分别将这些带齿的规片插入螺纹直到发现一片完全与螺栓螺纹配合为止。同螺纹匹配的规片上刻有数字,它就是螺栓螺纹的规格。

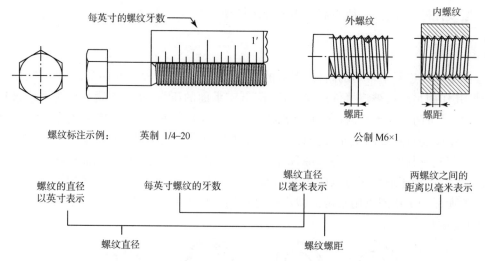

图 3-9 公制与英制螺纹的标注

4) 螺纹件的精度

在生产中，螺纹连接件还可分为 A、B、C 三个加工精度等级。其中 A 级精度最高，C 级最低。螺栓、螺柱与相同等级的螺母相配，机械上常用 A 级和 B 级加工精度的产品。

5 螺栓和螺母的强度和硬度

螺栓是由不同硬度的金属制成。在某些情况下，标准硬度在某些特定的场合是不够的。因此，螺栓被制成不同的硬度和强度，以适应不同的场合。

1) 公制螺栓的硬度与强度

公制螺栓的硬度和强度通过在螺栓头部刻上性能等级数字来显示，如图 3-11 所示。性能等级数字越大，螺栓硬度越大。在更换螺栓的时候，一定要记住使用和原来一样硬度的螺栓。

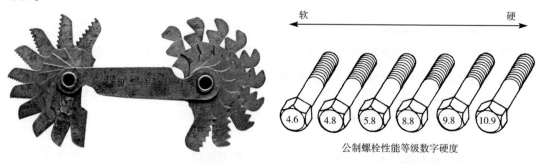

图 3-10 用螺纹规测量螺栓的螺纹规格

图 3-11 公制螺栓硬度等级标识

2) 英制螺栓的硬度与强度

英制螺栓头上面刻有不同的线条，分别表示不同的螺栓强度，如表 3-2 所示。螺栓头部的线条和抗拉强度有关。随着线条的增加，抗拉强度也在增加。抗拉强度是指螺栓即将被拉断时所能承受的力的大小，以 MPa 来衡量。螺栓的强度和硬度越大，螺栓的抗拉强度也就越大。

英制螺栓强度显示意义 表3-2

硬度等级标志	⬡	⬡	⬡	⬡	⬡
显示特征	无标记	三条线	四条线	五条线	六条线
说明	无硬度等级标记	普通商业质量汽车及美标螺栓标准SAE等级5	中等商业质量汽车及美标螺栓标准SAE等级6	少用	最高的商业质量美航天与航空螺栓标准SAE等级6
材料	低碳钢	中碳钢回火	中碳钢淬火和回火	中碳合金钢	中碳合金钢淬火和回火
抗拉强度	448MPa	827MPa	965MPa	965MPa	1034MPa

3) 螺母的硬度与强度

螺母也有与螺栓相同规格的硬度和强度等级。维修中,一般都是将相同硬度的螺栓和螺母配对使用。否则,较软的螺纹在受到超出其规定力矩的时候就可能被损坏。公制螺母和英制螺母的强度和硬度标记,如表3-3所示。

螺母的强度和硬度标记方法 表3-3

公 制		英 制	
强度等级	标识	强度等级	标识
六角螺母强度等级9级	数字9	六角螺母强度等级3	3个点
六角螺母强度等级10级	数字10	六角螺母强度等级6(点数增加表示强度的增加)	6个点

二、螺栓的紧固

在螺栓连接中,绝大多数在安装时都要进行紧固,使被连接件受到压缩,同时螺栓杆受到拉伸。紧固的目的是为了提高连接的可靠性、紧密性和防松能力。对于承受轴向荷载的螺栓连接,还能提高螺栓的疲劳强度。对于受横向荷载的普通螺栓连接,可以增大连接接合面间的摩擦力。但紧固的力不能过大,否则将导致螺栓在装配螺栓或偶然过载时被拉断。

对于重要的螺栓连接,应根据连接的紧密性要求、荷载性质、被连接件刚度等工作条件决定紧固力的大小,并严格控制紧固力矩。常用的螺栓,紧固时预紧力的大小,是由施加的扳手力矩(即拧紧力矩)的大小来控制的,如图3-12所示。

拧紧力矩可由力矩扳手(图3-13)读出扳手力矩值得到,也可采用定扭力矩扳手(图3-14)控制。当达到要求的力矩时,定扭力矩扳手的弹簧受压将自动打滑松脱。

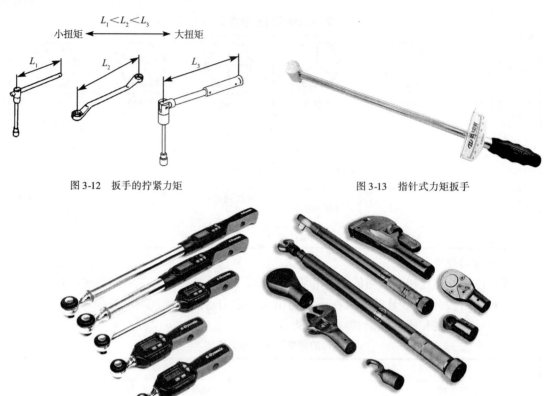

图 3-12 扳手的拧紧力矩　　　　图 3-13 指针式力矩扳手

图 3-14 定扭力矩扳手

① 螺栓的拧紧力矩

汽车上的所有的螺栓和螺母都应当被拧到或紧固到一定的规定值。很多修理手册都列出了一般的拧紧力矩规定值。如果一个螺栓被紧固到比规定值小的时候,螺栓可能会因振动而松动,被连接的零件之间将会产生间隙而导致漏油等异常现象;如果螺栓被紧固到比规定值大的时候,将导致螺纹损坏,甚至断裂。以上两种情况都会导致其他汽车零部件的损坏。

1)公制螺栓的拧紧力矩

与其他标准螺栓一样,公制螺栓有不同的强度和硬度等级。一旦螺栓的等级被确定,螺栓的力矩就可以在有关技术规范中查到。表 3-4 显示的是常见普通标准规格公制螺栓的拧紧力矩。

公制 M6～M24 标准螺栓或螺母的拧紧力矩　　　表 3-4

螺纹公称直径尺寸(mm)	施加在扳手上的拧紧力矩(N·m)	施力操作要领	螺纹公称直径尺寸(mm)	施加在扳手上的拧紧力矩(N·m)	施力操作要领
M6	3.5	只加腕力	M16	71	加全身力
M8	8.3	加腕力、肘力	M20	137	压上全身重量
M10	16.4	加全身臂力	M24	235	压上全身重量
M12	28.5	加上半身力	—		

2）英制螺栓的拧紧力矩

英制标准螺栓的拧紧力矩规范详见表3-5。如果没有力矩规范手册，可参考使用表3-3的力矩标准。

英制标准螺栓的拧紧力矩　　　　　　　　　　　　表3-5

螺纹的尺寸(in)	每英寸的螺纹牙数	拧紧力矩(N·m)	螺纹的尺寸(in)	每英寸的螺纹牙数	拧紧力矩(N·m)
1/4	20	10~12	9/16	12	122~136
1/4	28	11~14	9/16	18	145~159
5/16	18	18~23	5/8	11	186~199
5/16	24	20~26	5/8	18	228~241
3/8	16	41~47	3/4	10	325~339
3/8	24	47~53	3/4	16	393~407
7/16	14	62~68	7/8	9	556~569
7/16	20	77~81	7/8	14	644~657
1/2	13	86~102	1	8	786~800
1/2	20	112~126	1	14	928~942

② 螺纹连接的防松

紧固后的螺栓或螺母，不会有立即松脱的现象，因为螺纹连接一般具有自锁功能。此外，拧紧以后，螺母和螺栓头部等支承面上的摩擦力也有防松作用。但这种自锁性只能在静荷载和工作温度变化不大时才能保证螺纹连接不会自动松脱，当荷载有冲击、振动或是变荷载或螺纹连接的工作温度变化很大时，螺纹副间的摩擦力有可能减小或瞬间消失，致使自锁性能遭到破坏，这种情况若多次发生，就会使螺纹连接松脱，其危害很大。所以，对于一些重要的螺纹连接，必须采取有效的防松措施。常见的防松方法有摩擦力防松、机械防松、冲边防松、黏合法防松等，详见表3-6。

螺纹连接常用的防松方法　　　　　　　　　　　　表3-6

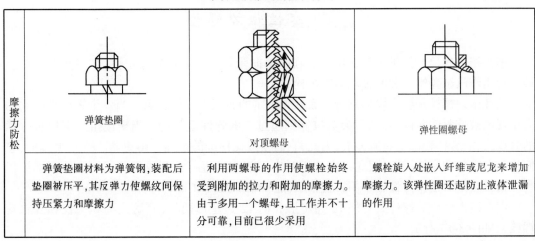

摩擦力防松	弹簧垫圈	对顶螺母	弹性圈螺母
	弹簧垫圈材料为弹簧钢，装配后垫圈被压平，其反弹力使螺纹间保持压紧力和摩擦力	利用两螺母的作用使螺栓始终受到附加的拉力和附加的摩擦力。由于多用一个螺母，且工作并不十分可靠，目前已很少采用	螺栓旋入处嵌入纤维或尼龙来增加摩擦力。该弹性圈还起防止液体泄漏的作用

续上表

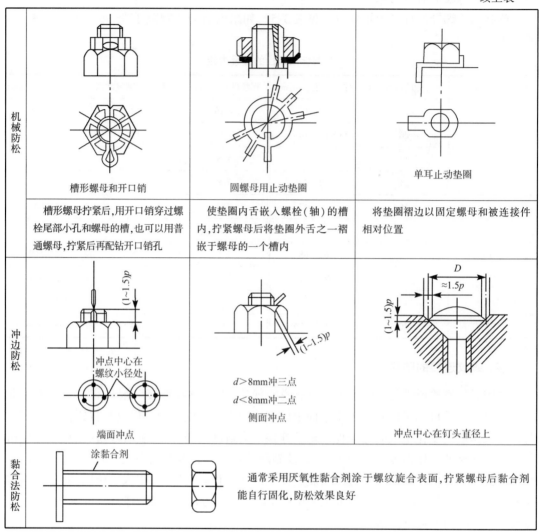

三 塑性扭力螺栓

塑性扭力螺栓能提供较普通螺栓更强的轴向张紧力和防松脱稳定性，在很多发动机上被广泛用作汽缸盖螺栓和曲轴轴承盖螺栓。

塑性扭力螺栓是被紧固到制造厂家预先设定的屈服点或伸长点。当一个螺栓根据它的力矩规范被拧紧的时候，它是不会被拉伸到超过它的弹性极限的。当塑性扭力螺栓被拧紧的时候，它们有些轻微的屈服伸展，因此，它们一般比标准的螺栓拧得更紧。一旦被拉伸，它们将不会恢复到原始尺寸，因此再次使用时它们就应该进行检测或用相同规格的新螺栓代替。通常这些塑性扭力螺栓是用在主轴承、连杆轴承及汽缸盖上。

塑性扭力螺栓的螺栓头有外12边星形和内12边星形两种（俗称内梅花螺栓和外梅花螺栓），如图3-15所示。

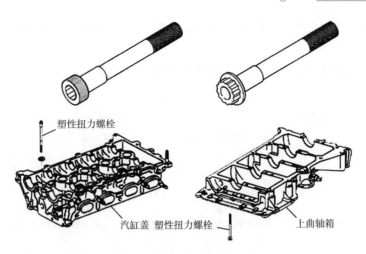

图 3-15　用于汽缸盖和曲轴轴承盖的塑性扭力螺栓

1 塑性扭力螺栓的特性

物体在受到外力时形状发生改变,当外力消失时,物体不能恢复原状,这种特性被称为塑性。物体在受到外力时形状改变,外力消失后恢复原状的特性被称为弹性,如果所受外力超过特定临界值,该物体将不能复原,该临界值被称为弹性极限。物体受力超过弹性极限会导致塑性变形。

塑性扭力螺栓利用金属材料的特性,由合金钢材料制成高强度螺栓。扭紧该螺栓时,其紧固程度要超过弹性区域。在这一区域的紧固力的大小与螺栓的轴向拉力和旋转角度[图 3-16a)]成正比关系;在塑性区域的紧固,旋转角度的变化不影响轴向拉力的大小,如图 3-16 所示。这种紧固方法降低了相对于螺栓旋转角度的轴向拉力的非均匀度,增加了螺栓轴向拉力的稳定性。

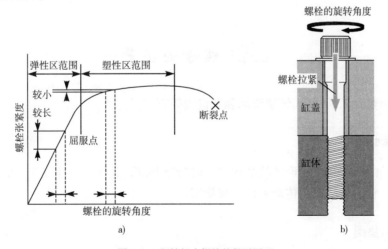

图 3-16　塑性扭力螺栓的紧固原理

2 塑性扭力螺栓的紧固方法

将螺栓旋紧到超出弹性范围,这个范围的大小与螺栓的轴向拉力和旋转角呈正比例增加。然后在塑性区紧固,此处只有螺栓旋转角改变了,而轴向拉力未变,并增加螺栓轴向拉力的稳定性。

拧紧塑性扭力螺栓的方法不同于拧紧普通螺栓,方法如图3-17所示。

a)用规定拧紧力矩拧紧螺栓

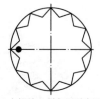
b)在螺栓上做好油漆标记

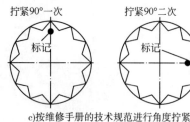
c)按维修手册的技术规范进行角度拧紧

图3-17　塑性扭力螺栓的紧固方法

①在螺纹上涂抹薄薄一层机油;
②装上螺栓并用力均匀地拧紧螺栓;
③给每一个螺栓作好油漆标记;
④按规定步骤紧固螺栓到规定的角度。

塑性扭力螺栓紧固规定角度方法如下:
a. 90° + 90°
b. 90°
c. 45° + 45°

提示:这种螺栓使用位置不同,其规定的角度也不同。使用时要参考相关车型的修理手册。

四　螺母的锁紧

螺母的锁紧有锁紧螺母、锁紧垫圈和开口销等方式。

1　锁紧螺母

锁紧螺母内螺纹制有变形螺纹结构,当其拧紧到位后,其螺纹产生变形,可形成锁止,防止螺母松脱。它们与汽车的传动零件一起使用。

2　锁紧垫圈

锁紧垫圈根据锁定方式通常分为锁紧垫片、弹簧垫圈等类型,如图3-18所示。
①锁紧垫片。在轮毂轴螺母的部位,多采用锁紧垫片进行防松处置,见图3-18a)。
②弹簧垫片。弹簧垫圈的弹力可以将螺栓或螺母松脱的可能降到最低,见图3-18b)。

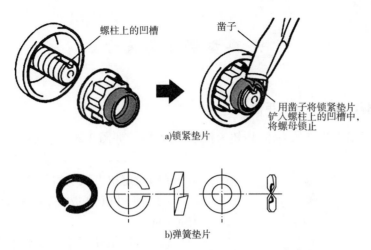

图 3-18 各种垫圈的锁紧

3 开口销等防松方式

1）开口销防松

开口销和开槽螺母配合使用可以实现螺栓的锁紧功能，如图 3-19 所示。它们主要用于汽车的转向球头处。

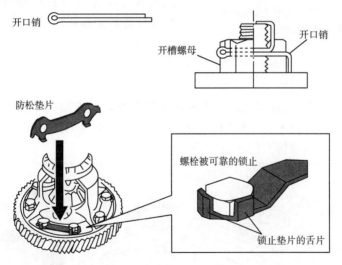

图 3-19 开口销与垫片锁止

使用开口销锁止时须注意：
① 使用的开口销大小要与开槽螺母的凹槽相一致；
② 为确保锁止的可靠性，开口销不能重复使用；
③ 如果螺栓孔不能与开槽螺母的槽对齐时，只能顺时针扭转螺母（向紧固方向转动）。

2）锁片锁止

安装时，锁片装在螺母与工件之间，锁片的舌片顶着螺栓或螺母安装以防止紧固件变松。图 3-19 中显示一块用于差速器壳连接螺栓的锁止防松垫片。

五、典型螺栓拆装方法

1 体会螺栓拧紧力矩的手感

按照修理手册上指定的力矩,用扭力扳手拧紧螺栓,如图3-20所示,体会螺栓拧紧力矩的"感觉"。

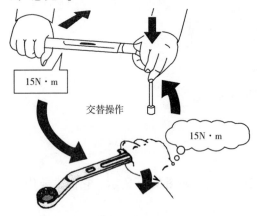

图3-20 用扭力扳手与梅花扳手交替紧固螺栓,体会螺栓拧紧力矩的感觉

(1)设定扭力扳手的预设值。

(2)使用扭力扳手,拧紧螺栓或螺母到15N·m。

(3)再用梅花扳手或套筒扳手用同样的方式将其拧紧到15N·m的紧度。

(4)重复多次,直到体会到如何用一个梅花扳手或套筒扳手将螺母拧紧到与用力矩扳手相同的力矩。

提示:体验用不同扳手紧固螺栓的感觉,用尽可能大的力拧紧螺栓,甚至损坏其螺纹,来体会拧紧螺栓的手感,这种手感对维修操作很必要。

2 拆卸更换双头螺栓

为拧紧一个双头螺栓,在双头螺栓上装两个螺母并将其拧紧在一起;然后,转动螺母拧紧或拧松双头螺栓。此技术被称作"双螺母"。用此技术将两个螺母互相拧紧并锁住,就能使螺母具备普通螺栓的螺栓头的功能,如图3-21所示。

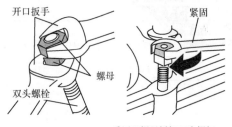

a)采用双螺母拆卸双头螺钉　　b)使用螺柱拆装工具拆卸双头螺杆

图3-21 拆卸双头螺栓

(1)安装柱螺栓时,按拧紧方向转动上螺母。

(2)取下柱螺栓时,按拧松方向转动下螺母。

提示:也可以使用拆除和重新安装柱螺栓的专用工具。

3 断头螺栓的拆除

在汽车维修中经常会遇到螺栓因锈蚀等原因,在使用或拆装中断裂的情况,有时攻丝不注意将丝锥折断等都需要取出,可根据螺栓或丝锥露出的情况采取焊接或用断螺柱取出器拆除的方法处理。

1) 机体外面还留有一段断了头的螺栓

对这种断头的螺栓,用尖铲(将刃口稍磨平后)及手锤顺螺纹退出的方向冲出,也可将露出的部分锉扁,用扳手旋出,必要时可把螺栓用煤油或汽油浸一会再冲出和旋出。如果断头的残余螺栓露出壳体的位置较高,可以用在螺栓上焊接上相应的螺母,然后用扳手拧出。

2) 用断螺栓取出器取出断头螺栓

如果要是断螺栓凹陷在壳体内时,螺栓不是特别坚硬的金属制成的情况下,可用断螺栓取出器从孔中取出。断螺栓取出器如图3-22所示。

 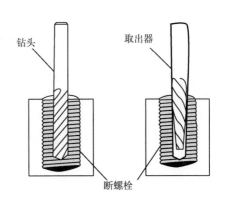

图 3-22 反旋式断螺栓取出器

断螺栓取出器的操作方法如下:

(1) 首先要在断螺栓上钻孔,钻头规格参见表3-7。

断螺栓取出器配套规格(单位:mm)　　　　表3-7

取出器号码	直径		总长	对应钻头	适用螺栓尺寸
	小端	大端			
1	1.6	3.5	50	2	4~6
2	2.4	5.5	60	3	6~8
3	3.2	6.5	68	4	8~10
4	4.8	8.7	75	6.5	10~14
5	6.3	11	85	7	14~18
6	9.5	15	90	10	18~24

(2) 然后将正确尺寸的断螺栓取出器安装在孔内(用手锤轻轻敲入,如图3-23所示)。

(3) 用扳手逆时针方向转动断螺栓取出器,像取下一个软木瓶塞拔子一样,取出断螺栓。

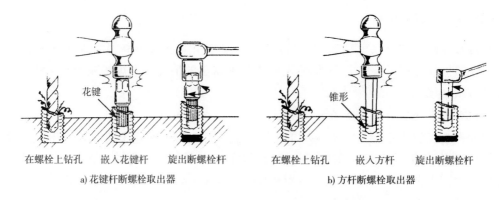

图 3-23 用其他型号的断螺栓取出器取出断螺栓

3）取出折断丝锥的方法

（1）用手锤及尖铲慢慢地旋转敲出丝锥，这种方法适用于折断部分与孔口平，同时直径又小的丝锥。

（2）如果丝锥折断部分露出孔外时，可以小心地用手钳将它扭出。

（3）对难以取出的丝锥，可用气焊火焰将丝锥退火。对直径较小的丝锥可用直径稍小钻头钻除，重新攻丝。对直径大的丝锥，可在丝锥中间钻孔，最后在孔内砸进四方铁杆，再用扳手扭出。还可以采用在攻丝断头处点焊接杆，然后扭出的方法。

思考与练习

1. 判断正误

（1）U 形螺栓主要用于将弹簧片固定在车桥上。　　　　　　　　　　　　（　　）

（2）用螺母和开口销组合成一套锁紧机构。　　　　　　　　　　　　　　（　　）

（3）槽形螺母本身就构成一种锁紧机构。　　　　　　　　　　　　　　　（　　）

（4）开口销用过一次后就不能再用。　　　　　　　　　　　　　　　　　（　　）

（5）塑性区螺栓用过一次后就不能再用。　　　　　　　　　　　　　　　（　　）

2. 选择题

（1）以下哪个关于螺栓的语句是正确的？　　　　　　　　　　　　　　　（　　）

  A. 如果有多种型号的螺栓，特定型号的所有螺栓都具有相同的强度。

  B. 螺栓的强度是由颜色来决定。

  C. 螺栓的强度可由所印的号码或标记来确定。

  D. 螺栓不会断开，除非使用风动工具。

（2）选择在发动机上使用塑性扭力螺栓的部位。　　　　　　　　　　　　（　　）

  A. 发动机安装支架

  B. 曲轴轴承盖

  C. 进气歧管

  D. 汽缸盖

(3) 下列描述与螺栓的标称值有关,请用合适的数据填空。

M10×1.25-11T

M 代表( )

10 代表( )

1.25 代表( )

11T 代表( )

A. 螺栓直径　　　B. 螺栓高度　　　C. 螺纹类型

D. 螺栓长度　　　E. 螺距　　　　　F. 强度

(4) 以下关于螺栓的语句哪个是对的? ( )

A. 由于螺栓是按强度分类的,因此不能仅仅按尺寸匹配来使用。

B. 任何螺栓只要其尺寸匹配就可以使用。

C. 拧紧塑性区螺栓时,先用手将其完全拧紧,然后再拧紧90°。

D. 额定值为 M10×1.25—11T 的螺栓直径为11mm。

模块 4　常用手动工具

常用手动工具几乎人人会用,但如何准确、熟练、安全地使用,并实现无损拆装作业,却不是一件简单的事情。磨刀不误砍柴工,因此,熟练掌握维修手动工具的使用知识和技能是维修人员的基本功,也是维修质量的保证。

学习目标

本模块介绍了常用手动工具的种类、结构和使用方法等内容。通过本模块的学习,可使学生学会如何正确使用手动工具,掌握汽车维修作业中拆卸零部件工具的选用技能。

学习重点

1. 工具的正确选用;
2. 套筒扳手的使用技能;
3. 螺丝刀的使用技能。

学习难点

1. 套筒的使用技能;
2. 扭力扳手的使用。

一、工具使用的基本要求

汽车维修要用到各种工具,有效地使用维护工具可以提高工作效率和质量。这些工具均有其特定的使用方法,只有使用得当才能保证工作安全和准确快捷。

1　了解工具的正确用法和功能

学习每种工具的功能和正确用法。如果工具用于规定之外的用途,可能会被损坏,甚至会损坏零件或者导致工作质量降低。

1) 正确选择工具

根据尺寸、位置等条件不同,可以使用不同的工具松开螺栓。要根据零件形状和工作场地等条件选择合适的工具。

2)保持放置有序的状态

工具要放在容易拿到的位置,使用后要放回原来的正确位置。

3)工具的维护

工具要在使用后立即清洗并在需要的位置涂油。如需要修理就要立即进行,这样工具就可以永远处于完好状态。

② 使用工具的原则

为安全准确地拆下和更换螺栓或螺母,汽车维护中多使用成套的套筒扳手。如果由于工作空间限制不能使用套筒扳手,可按其顺序选用梅花扳手或开口扳手(图4-1)。

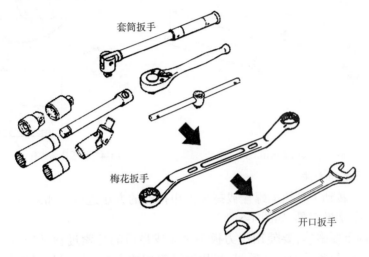

图4-1 选择适用的工具

1)根据工作进行的速度选择工具

套筒扳手的优势在于它能旋转螺栓或螺母(图4-2),而不需要每个动作都重新调整位置。这样就可以迅速转动螺栓或螺母,具有效率高的特点。套筒扳手可以安装不同手柄以适应各种工作环境。

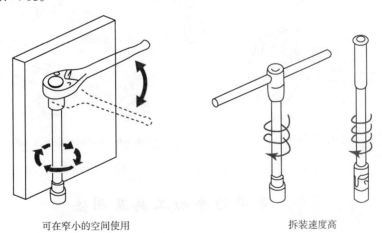

图4-2 根据工作速度选工具

2）根据旋转扭矩的大小选用工具

如果最后拧紧或开始拧松螺栓或螺母需要较大的扭矩,那么应当使用允许施加大力的扳手。操作时注意:施加在工具上扭力的大小取决于扳手手柄的长度。手柄越长,要得到相同力矩所需力越小。如果使用超长手柄,会有扭矩过大的危险,螺栓有可能会被折断,如图4-3所示。

3）工具的大小和应用

工作时应确保工具的工作直径与螺栓或螺母的头部大小合适,使工具与螺栓或螺母完全配合,如图4-4所示。

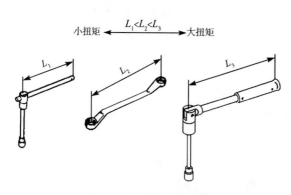

图4-3 工具扭矩选用工具

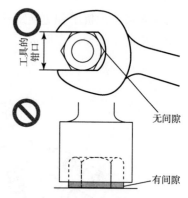

图4-4 扳手应与螺栓无较大的配合间隙

4）用力的强度和手法

一般情况下,转动工具扭动螺栓或螺母多用拉动的方法进行。如果由于空间限制无法拉动工具,可用手掌推工具,如图4-5所示。

扭矩较大的重要螺栓,要使用扭力扳手来完成最后的拧紧过程,以便将其拧紧到标准值。对于已经拧得很紧的螺栓或螺母,采用通过施加冲击力方法可以轻松的松开。但不能使用锤子和长管(用来加长力臂)来增加扭矩,否则容易损坏工具(图4-6)。

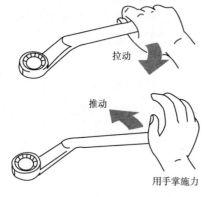

图4-5 工具的推拉操作手法

图4-6 工具的错误加力方式

二、常用的手动工具及用法

汽车维修作业并不需要太多的专用工具,普通常用的工具就可以完成大多数的维修工作。虽然人们对手动工具比较熟悉,但有许多人并不会使用工具,甚至是有的修车多年的老师傅,使用工具也不规范,汽车未修好,工具却损坏了不少。这里主要介绍常用工具及使用方法,最为重要的原则是能够保证维护过程中减少工具和零部件的损坏,降低人体伤害的概率。

汽车维修常用的手动工具有(图4-7):套筒扳手、梅花扳手、开口扳手、活动扳手、扭力扳手、火花塞套筒、螺丝刀、钳子、手锤、冲子、刮刀和其他工具等。

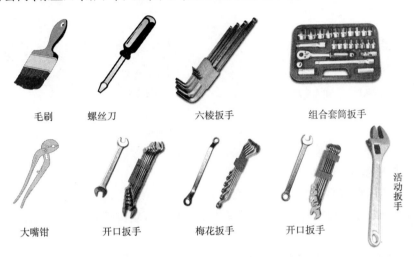

图4-7 各种常用的手动工具

① 套筒扳手

套筒扳手为成套的工具,从十几件组合到几十件组合甚至更多(图4-8),是汽车维修中使用最方便快捷的工具,套筒扳手使用灵活而且安全,使用中螺母的棱角不易被损坏。套筒扳手可以任意组合使用,特别是在使用空间狭小的地方,只有套筒扳手才能解决问题。

根据工作条件装上不同手柄和套筒后,套筒扳手可以很轻松地拆下并更换螺栓或螺母。

1) 套筒扳手的工作规格

套筒扳手常用的尺寸为6~36mm。有大和小两种尺寸[图4-9a)],大尺寸套筒扳手可以获得比小尺寸套筒扳手更大的扭矩。

图4-8 套筒扳手

2) 套筒扳手的深度规格

套筒深度通常有标准和较长两种规格[图4-9b)],后者比前者长2~3倍。较长的套筒可用于螺栓突出的螺母,而不适于用标准型套筒。

3) 套筒扳手的钳口规格

套筒扳手的钳口有六角形、八角和十二角形3种规格[图4-9c)]。六角部分与螺栓或螺母的棱面有很大的接触面,这样不容易损坏螺栓或螺母的棱面。

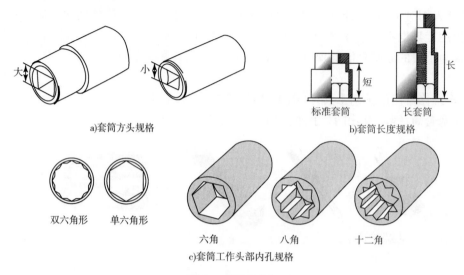

图 4-9 套筒的规格

4)套筒扳手的接口规格

套筒接头应用在需要改变套筒方形套头尺寸(图 4-10)的地方。使用时应注意,超大的力矩会将筒本身或小螺栓损坏。因此,拧紧力矩要根据规定的拧紧极限进行施加操作。

图 4-10 套筒接头

5)万向节接头

万向节接头可使手柄和套筒扳手之间的角度自由变化,使其可应用在有限空间内(图 4-11)。使用时不要将手柄倾斜较大角度来施加扭矩,也不能用于风动工具。因为接头的球节可能会由于不能适应快速旋转摆动而容易脱开,并会造成工具、零件或车辆损坏。

图 4-11 万向节套筒接头的使用

6)套筒接杆

加长杆可用于拆下和更换装得太深不易接触的螺栓或螺母(图 4-12)。加长杆也可用于将工具操作位置抬离平面一定高度以便于使用。

模块 4　常用手动工具

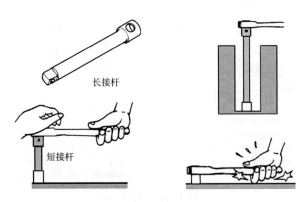

图 4-12　套筒接杆

7) 棘轮扳手

棘轮扳手扭动螺栓或螺母时,不需要像使用套筒扳手那样单方向转动,能提供更快的工作速度(图 4-13)。使用时,将棘轮扳手的锁紧手柄往左转可以拧紧螺栓或螺母,往右转可以松开它们。受棘轮结构的限制,它不可能应用于较大扭矩的场合。使用中不要施加过大扭矩,以避免损坏棘爪的结构。

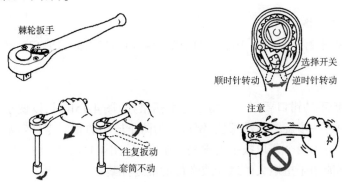

图 4-13　棘轮扳手

② 梅花扳手

梅花扳手的工作部分是封闭的环状,使用时对螺栓或螺母的棱角损害程度小,使用比较安全,可以获得较大的扭矩。但在使用时应注意,由于梅花扳手比较容易用上力,切勿用大力操作,以防扭断螺栓。

1) 梅花扳手的规格

梅花扳手有高桩和矮桩两种,一般来说矮桩比较好用,但这也因人而异。常用的梅花扳手尺寸型号有:6-9、8-10、9-11、12-14、14-17、13-15、17-19、21-23、22-24 等尺寸型号。

2) 梅花扳手的用法

使用时,扳手的平面一定要和螺母平行,而且用力应适度(图 4-14)。扳手的工作部分一定要和螺母配合好,否则就有可能损坏扳手或者螺母。

遇有过紧的螺栓时,使用扳手用力不可过猛。还应确保扳手运动的方向上没有尖锐的物体,以防螺栓突然松脱导致拿扳手的手撞到尖锐物体上而受伤。这种在修车中伤手的事情是经常发生的,应在开始作业时就养成好的操作习惯。

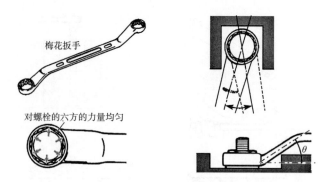

图 4-14 梅花扳手的用法

③ 开口扳手

在维护中,螺栓的拆装都要经常用到开口扳手。开口扳手应用在不能用套筒扳手或梅花扳手拆除或更换螺栓或螺母的位置。在选择开口扳手时,应特别注意其质量,如果开口扳手的质量不好,使用中很容易因刚度不足而"开口",并将螺栓或螺母的棱角损坏,使螺栓或螺母无法拆装。

1) 开口扳手的规格

常用的开口扳手有 6-9、8-10、9-11、12-14、14-17、13-15、17-19、21-23、22-24 等尺寸型号。

2) 开口扳手的用法

使用中开口扳手的钳口要以一定角度与手柄错开[图4-15b)],以便于通过转动开口扳手,在有限空间中进一步旋转扭动螺栓/螺母。为防止较小的相对零件转动,例如,在拧松一根燃油管接头时,可用两个开口扳手去拧松一个螺母[图4-15c)]。注意开口扳手不能承受较大扭矩,因此不能用于扭矩大的螺栓或螺母的最终拧紧。

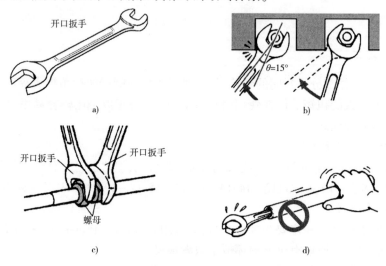

图 4-15 开口扳手的使用

为了保护扳手,不要在扳手手柄上接长管加力。否则,会造成扭矩过大,损坏螺栓或开口扳手。

模块4 常用手动工具

④ 活动扳手

活动扳手适用于尺寸不规则的螺栓和螺母或固定专用维修工具。活动扳手的开口尺寸是在一定范围内任意可调的。在其他工具不称手的时候,活动扳手也有一定的应用。

1) 活动扳手的规格

活动扳手常用的尺寸型号有200mm—24mm、300mm—36mm等规格。旋转活动扳手的调节螺丝,可改变扳手开口的尺寸。由于受开口扳手调整螺丝结构的限制,活动扳手不适用于施加较大扭矩的场合。

2) 活动扳手的用法

在使用活动扳手时,要先将扳手的开口尺寸调整到螺母的尺寸,然后再正确嵌入。扳手开口的固定一侧要在用力的一边,活动端要放在支承的一侧。否则,容易损坏活动扳手(图4-16)。

图 4-16　活动扳手受力方向

在维修作业中,应尽量使用梅花扳手和开口扳手。不得已使用活动扳手时,一定要调整好开口的尺寸与螺栓棱角的配合,并小心使用,以防损坏螺栓棱角。调节活动扳手的钳口时,要在旋转方向上转动扳手。如果不用这种方法转动扳手,使用扳手的压力将作用在扳手的调节螺杆上,容易使其损坏,如图4-17所示。

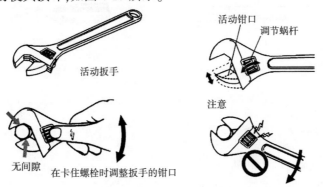

图 4-17　活动扳手的用法

⑤ 扭力扳手

扭矩扳手用以精确拧紧螺栓或螺母以达到规定的转矩。

1) 扭矩扳手的规格

常用扭矩扳手有预置扭矩式、板簧式两种,如图4-18所示。

① 预置扭矩式扭矩扳手通过旋转套筒可预设所要求的扭矩。当螺栓在这些条件下拧紧

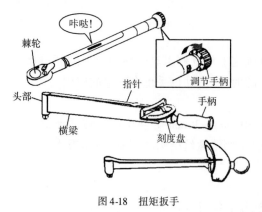

图4-18 扭矩扳手

时,听到咔嗒声则表明已达到规定扭矩。

②板簧式扭矩扳手通过扳动扳手的手柄,使扳手的梁板弯曲,借助杠杆作用到旋转手柄上的力进行操作,此梁由钢板弹簧制成。作用力可通过指针和刻度读出,以便取得规定的扭矩。

2)扭矩扳手的使用

用其他扳手在扭矩扳手拧紧前预先拧紧,这样可提高工作效率。如果从一开始就用扭矩扳手拧紧,则工作效率比较低。使用中应按以下要求紧固:

①如果拧紧多个螺栓接合部件时,在每个螺栓上都要均匀对称施加扭力,并重复2~3次。

②如果专用维修工具与扭矩扳手一起使用,则要按照修理手册中的说明计算扭矩。

6 螺丝刀

螺丝刀分为"十字头""一字头""星形头""方形头"等多种规格(图4-19)。前两种比较常见,后几种在欧美进口汽车上使用的较多。

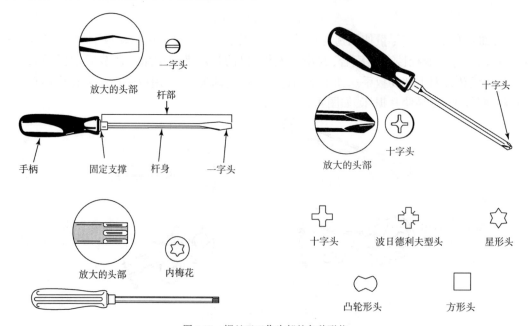

图4-19 螺丝刀工作头部的各种形状

螺丝刀金属柄有贯通形和非贯通形两种。车主在准备工具时,最好将各种规格的螺丝刀都备好,螺丝刀的正确用法如图4-20所示。

拆卸和更换螺钉时,要选择使用尺寸合适的螺丝刀,其头部应与螺钉的槽大小合适。要保持螺丝刀与螺钉尾端成直线,边用力边转动。切勿用鲤鱼钳或其他工具过度施加扭矩。这可能会刮削螺钉的凹槽或损坏螺丝刀的尖头(图4-21)。

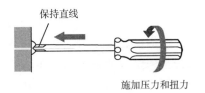

图 4-20 螺丝刀的正确用法

图 4-21 螺丝刀的使用

使用中应按照用途来选择螺丝刀。穿透型螺丝刀用于上紧并固定螺钉,有时可承受一般的锤击,如图 4-22a)所示;短柄螺丝刀可用在有限的空间内拆卸并更换螺钉,如图 4-22b)所示;方柄螺丝刀可用在需要大扭矩的地方,如图 4-22c)所示;精密螺丝刀可用以拆卸并更换小零件,如图 4-22d)所示。

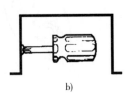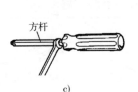

图 4-22 不同结构螺丝刀的用法

⚙ 7 手钳

手钳有尖嘴钳、钢丝钳、鲤鱼钳和截线钳等多种类型。维修人员在准备手钳时,应尽量选择稍大一点的规格。大口钳的开口尺寸在一定范围内可以任意调整,适用于圆状零件的夹持,在许多情况下,可用来代替其他工具。

使用手钳时,应以四指和大拇指分别握住手钳的两端,将工件夹牢后再用力操作。在夹持较大的工件时,可放大钳口操作。

1)尖嘴钳

尖嘴钳用在密封的空间里操作或夹紧小零件。尖嘴钳的工作部分长而细,适于在密封空间里使用。多数尖嘴钳有一个朝向颈部的切割刃口,可以切割细导线或从电线上去掉绝缘层。

使用中注意,切勿对钳子头部施加过大的压力。它们可以成 U 形打开,使其不能用以做精密工作(图 4-23)。

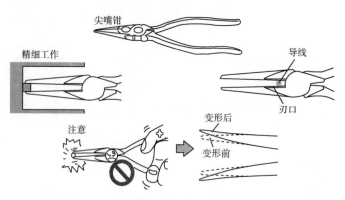

图 4-23　尖嘴钳的使用

2) 鲤鱼钳

鲤鱼钳用以夹持物品。改变鲤鱼钳支点上孔的位置,可调节钳口打开的程度。其主要功能为:可用钳口夹紧或拉动;可在鲤鱼钳的颈部切断细导线,如图 4-24 所示。

不能用手钳代替扳手来拧紧或拧松螺栓或螺母,以免损坏螺栓或螺母的棱角。也不能把手钳的钳柄当作撬杆使用,以防损坏手钳(图 4-25)。

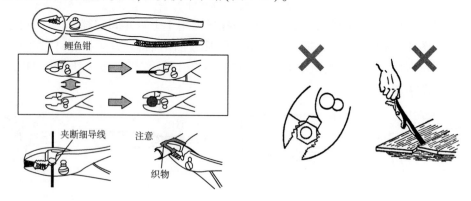

图 4-24　鲤鱼钳的用法　　　　　　　图 4-25　手钳的错误用法

注意:在用钳子夹紧零件前,须用防护布或其他防护罩包裹易损坏的零件。

3) 截线钳(图 4-26)

截线钳应用于切割细导线。由于截线钳的刃口尖部为圆形,因此可用以切割细线,或者只要选择所需的线从线束中切下即可。

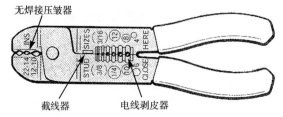

图 4-26　截线钳的结构

注意:不能用其切割超硬或过粗的线材。否则,这样会损坏截线钳的刃口。

8 手锤

手锤可通过敲击来拆卸和更换零件,并且根据声音来测试螺栓的松紧度。手锤有球头销形锤、塑料锤或橡胶锤等多种款式。

1)球头销形锤

球头销形锤有铸铁的头部,如图 4-27a)所示,主要用于部件的拆装。例如更换过盈配合的销轴,通过直接敲击将销轴打进去或顶出来。

2)塑料锤/橡胶锤

手锤有塑料或橡胶质地的头部[图 4-27b)],用于必须避免撞坏物件的地方,主要用于拆卸、装配和调整作业。例如:通过直接敲击拆卸或拆开总成的壳体。

3)检修用锤

图 4-27c)所示的是一种带有细长柄的小锤子,主要用于紧固件的检查,根据敲击时的声音和振动来测试螺栓或螺母的松紧度(注意:这种检查方法需要通过练习体会掌握)。

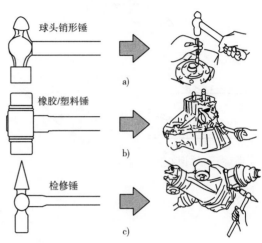

图 4-27 不同类型手锤的用法

9 平面刮刀

平面刮刀用于拆卸汽缸盖、变速器等总成壳体的垫片、液态密封剂、胶黏物以及表面上的其他东西。

1)刮刀的用法

使用时,刮除的效果取决于刀片的方向,如图 4-28 所示。

①由于刀刃切入垫片,刮削的效果会更好些。但是容易刮伤到零件的表面。

②刀刃未很好地切入垫片,意味着难以获得整齐的清除效果,但不会损伤被刮的部件表面。

2)使用禁忌

当在易于破损的表面上使用时,刮刀应包裹塑料带(除刀片外)。使用时切勿把手放在刀片前。否则,刀片可能会伤到手。切勿在砂轮机上把刀片磨得太快。为提高工作效率,要经常在油石上磨铲刀的刃口。

10 其他工具

1)冲子

冲子有中心冲子、松动冲子、尖冲子、定位冲子和直柄冲子等类型,如图 4-29 所示。

中心冲子主要用来给钻孔零件作标记(图 4-30),或用于将松动的销子或铆钉凿紧。中心冲子一般用高碳钢或高速钢制成,头部的刀刃处需要淬火硬化。使用中心冲子作标记时,切勿用力太重。刀刃用钝时,可用油石来修磨维护。不能在装配状态下使用中心冲子进行操作。

安装多个螺栓固定的零部件时,通常采用定位冲子来校正螺孔位置。

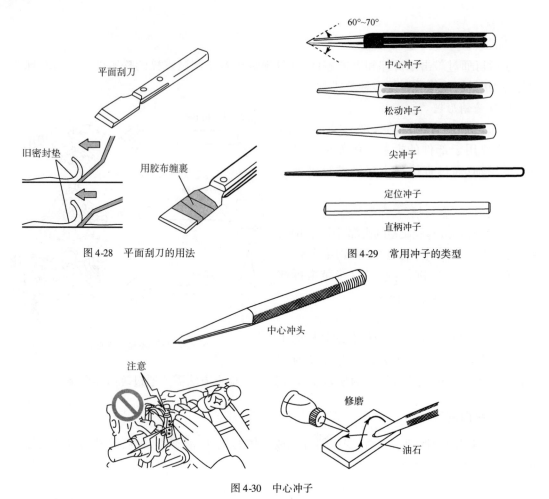

图4-28 平面刮刀的用法

图4-29 常用冲子的类型

图4-30 中心冲子

2) 扁铲

扁铲或称凿子,如图4-31所示。根据其类型与头部形状的不同,可分别用于各种特殊工作场合。

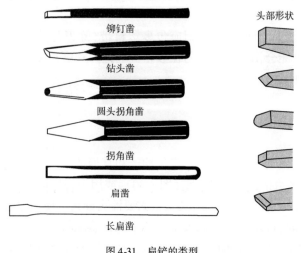

图4-31 扁铲的类型

3) 铜冲子

铜冲子多用黄铜制成,所以不会损坏零件(因为其质地较软,零件变形前它将会先变形)。因此,铜冲子用于不能直接锤击部位的力量传递,以防止手锤直接敲击损坏部件(图4-32)。使用中如果头部变形了,可用砂轮机修磨。

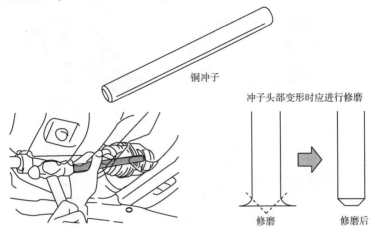

图4-32　铜冲子

⑪ 专用工具的选择及用法

在维修作业中机油滤芯、火花塞以及车型专用螺栓等零件的拆装均需要用到专用工具。

1) 滤清器扳手

滤清器扳手是一种拆装滤清器的专用工具,如图4-33所示。在更换机油滤清器、柴油滤清器等作业时,若没有这种工具,容易损坏滤清器。

2) 车型专用工具

国内在用的车型有欧美、日韩以及国产等许多种,国外引进的车型,其螺钉、螺栓的相关尺寸仍保持原来的标准(英制),如图4-34所示。个别螺栓需要用特殊形状或长度的工具才能拆装。

图4-33　机油滤清器扳手

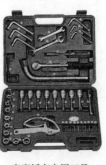

富康轿车专用工具

桑捷帕奥系列轿车专用工具

图4-34　车型专用工具盒

3) 火花塞套筒

火花塞套筒专用于拆卸及更换火花塞(图 4-35)。有大、小($\phi 21$、$\phi 14$)两种尺寸,要配合火花塞尺寸。有的套筒内装有一块磁铁,用以保持住火花塞安装的方便。维修作业中,修理工常用 $\phi 21$mm 长款套管扳手替代火花塞套筒。

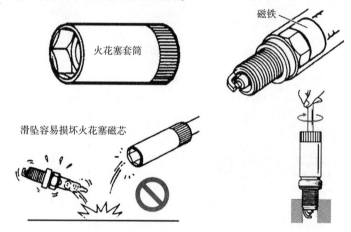

图 4-35　火花塞套筒的使用

拆装火花塞时,一定要确认对准火花塞并套牢后才能扭动。如果扭动时阻力很大,应查明原因后再动手。不要用大力拆装,转动时,另一只手应稍微压住套筒的另一端,以确保操作安全。

4) 火花塞间隙量规

火花塞间隙量规用于测量和调节火花塞间隙。该量规有不同厚度的线规,可用于测量火花塞间隙。火花塞电极间隙正常范围值为 0.8~1.1mm。

调整时应把旁电极放在量规槽里进行弯曲,以便调整间隙(图 4-36)。

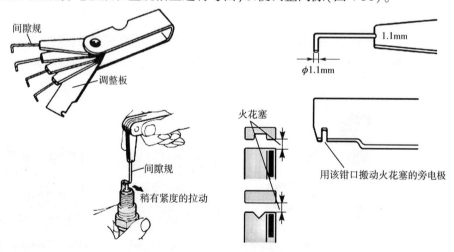

图 4-36　火花塞电极间隙的检查与调整

检查调整火花塞电极间隙有如下步骤。

①清洁火花塞。

②测量间隙最小处的值。

③使用滑动时有轻微阻力但没有松动的量规,并读出其厚度。

④当火花塞电极间隙过大或过小时,可用间隙量规对火花塞电极间隙进行调整。将调整板的缺口部分放在火花塞的接地电极上,然后弯曲旁电极以调整。注意不要碰触损伤到绝缘体和中心电极。

思考与练习

1. 选择题

(1)螺栓或螺母的最后拧紧度要求达到规定的扭矩。下面所示哪一种工具是用于此用途的? ( )

  A. 开口扳手　　B. 扭力扳手　　C. 梅花扳手　　D. 棘轮扳手

(2)根据不同零件使用不同工具拆下或装上螺栓或螺母。按下列优先级顺序选择工具:
( )→( )→( )

  A. 套筒扳手　　B. 梅花扳手　　C. 开口扳手

(3)当棘轮扳手旋转的空间很小时,应该使用哪种类型的套筒? ( )

  A. 六角　　　　B. 八角　　　　C. 十二角

2. 简答题

(1)六角套筒、八角套筒和十二角套筒之间有何区别?

(2)用活动扳手拆装螺栓时,活动端应位于哪一侧?为什么?

模块 5　常 用 量 具

汽车维修常见量具的使用是汽车维修人员必须具备的基本功,正确熟练地使用量具也是准确、有效维修的保证。

学习目标

本模块介绍了常用量具的种类、结构和使用方法等内容。通过本模块的学习,可使学生学会正确使用量具的方法,掌握汽车维修作业中常用零部件的测量技能。

学习重点

1. 内外径量具的正确使用;
2. 百分表的使用;
3. 常用零件的测量。

学习难点

1. 汽缸的测量;
2. 滑动轴承配合间隙的测量。

一　量具概述

汽车维修常用量具有钢板尺、游标卡尺、外径千分尺、内径千分尺、百分表、量缸表、厚薄规和塑料间隙规等(图 5-1)。正确选用量具是保证维修质量、延长量具使用寿命的基本条件。

1　量具使用的基本要求

1)根据量具的功能选用

每种量具都有其特定的功能和用法。如果用于规定之外的用途,量具就容易损坏,而且容易导致零件损坏或者工作质量降低。

2)使用仪表的正确方法

每种量具都有其规范的操作程序。要确保在零部件上正确使用量具且使用方法和操作力度都符合规范的要求。

模块 5 　常 用 量 具

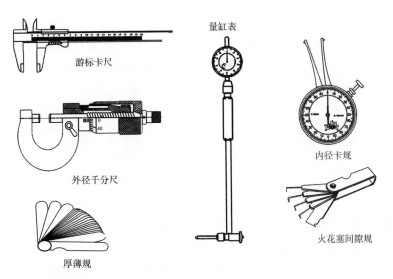

图 5-1　常见量具的种类

3）妥善使用和保管

量具都具有较高的精度，非正常使用会造成其测量精度失准。因此，量具要放在容易拿到的位置，使用后要放回原来的正确位置。

❷ 准确测量的要求

维修中，量具被用来检查零部件尺寸和调整状态与标准值的差别，从而判断出相关零部件的技术状态。测量时正确的手法和测量条件是获得准确测量值的基本要求。

1）保持量具和被测零部件的清洁

测量前一定要注意清洁被测零部件和量具，污物或机油会导致测量值的误差，如图 5-2 所示。测量时要按照要求的精度选择适合的测量仪器，如用游标卡尺测量活塞外径。

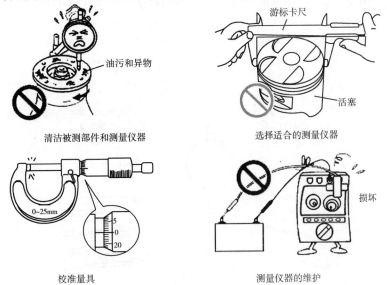

图 5-2　保持量具和被测物体的清洁状态

2)取得精确测量值的技术要点

(1)测量仪器与被测零件呈直角。在测量时,要注意量具应与被测零件要呈直角状态,即向被测零件移动测量仪器的同时,压紧测量仪器与零件成直角,如图5-3所示。

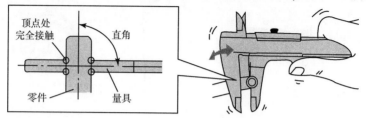

图5-3 量具与零件成直角

(2)使用适当的量程。当测量电压或电流时,从高量程开始再往下调。从量程合适的表盘上读出测量值,如图5-4a)所示。

(3)读取测量值。在读取测量值时,确保眼睛视线与表盘和指针成直角,如图5-4b)所示,这样读取的测量值才精确。

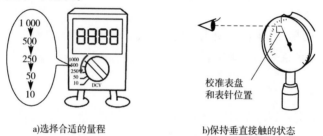

a)选择合适的量程　　　　b)保持垂直接触的状态

图5-4 精确测量的要点

量具的精度是通过精密加工获得的,不当的、粗野的使用或与坚硬物体撞击,均容易破坏量具的精度。切勿发生摔打、磕碰等现象,以免量具精度失准。避免使用或存放在高温或高湿度环境下,因为高温、高湿度的环境容易导致测量值误差增大,而且在高温环境下,工具本身会变形。工具使用后要清洁,并按原状放置,如图5-5所示。

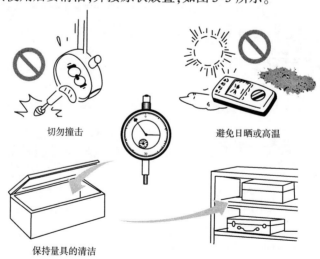

切勿撞击　　　　避免日晒或高温

保持量具的清洁

图5-5 量具的保存

二、游标卡尺

游标卡尺是维修中使用广泛的测量仪器,是一种测量长度、内外径、深度的常用量具。其种类按量程分有 0~150mm、0~200mm、0~300mm、0~500mm 和 0~1000mm 五种规格,按其测量精度有 0.10mm、0.05mm 和 0.02mm 之分。

① 结构

游标卡尺由主尺和附在主尺上能滑动的游标副尺构成,如图 5-6 所示。主尺一般以 mm 为单位,而游标副尺上则有 10、20、50 个等分格,根据分格的不同,游标卡尺可分为十分度游标卡尺、二十分度游标卡尺和五十分度游标卡尺等。游标卡尺的主尺和游标上有两副活动量爪,分别是内测量爪、外测量爪和深度尺,内测量爪通常用来测量内径,外测量爪通常用来测量长度和外径,深度尺用来测量盲孔的深度。

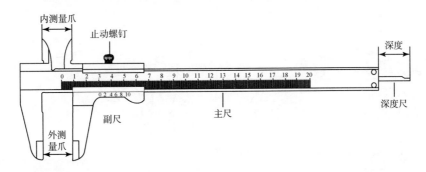

图 5-6 游标卡尺结构

② 使用方法

在测量前完全合上量爪,并检查卡尺间是否有足够的间隙可看到光。在测量时,轻轻移动卡尺,使零件刚好放在量爪之间,当零件刚好放在量爪之间时,用止动螺钉固定游标尺,以便更方便地读取测量值,如图 5-7 所示。

③ 测量范围

游标卡尺可以测量长度、内径、外径以及深度,具体测量方法如图 5-8 所示。

④ 测量数值的读取

游标卡尺测量值的读取分为两部分,测量值等于主尺数值(A)加上副尺数值(B)。其主尺主测量刻度的参照为副尺"零"刻线的左边。如图 5-9 所示,主尺数值 A 为 45mm;副尺数值为副尺的刻度与主尺刻度相对齐的点与"零"刻线之间的格数乘以此游标卡尺的测量精度,图 5-9 中游标副尺的刻度与主尺刻度相对齐的点与"零"刻线之间的格数为 5,此游标卡尺的测量精度为 0.05mm,那么副尺数值 B 为 $5 \times 0.05 = 0.25$(mm),因此图 5-9 中测量值为 $A + B = 45 + 0.25 = 45.25$(mm)。

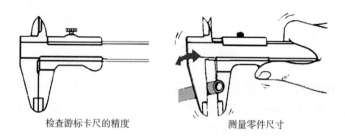

图 5-7　游标卡尺测量方法

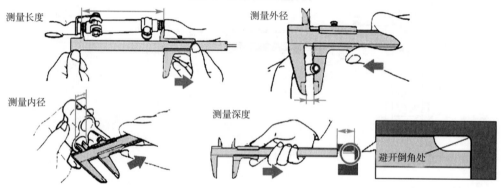

图 5-8　游标卡尺测量范围

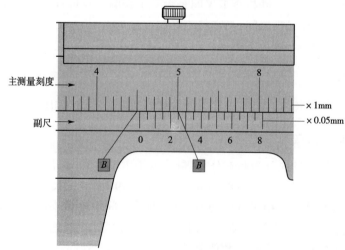

图 5-9　游标卡尺数值读取

三 外径千分尺

千分尺又称分厘卡或测微器,是一种精密的量具,测量精度可达 0.01mm。按其用途可分为内径千分尺和外径千分尺两种。

1 结构

外径千分尺由尺架、带螺母的固定套筒、棘轮定位器、测量螺杆、固定测杆和锁紧装置等组成,如图 5-10 所示。

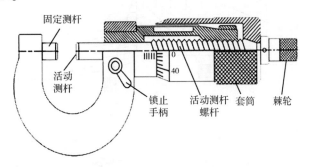

图 5-10 千分尺结构

外径千分尺的规格按其量程分为:0～25mm、25～50mm、50～75mm、75～100mm、100～125mm 五种规格,如图 5-11 所示。

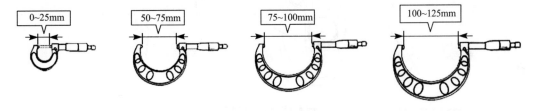

图 5-11 外径千分尺量程

2 读数

外径千分尺的读数方法与游标卡尺的读数方法类似,即套管刻度上可以看见的最大值 A 加上套筒上的刻度与套管上的刻度对齐点的数值 B。如图 5-12 所示,套管刻度上可以看见的最大值 A 为 55.5mm,套筒上的刻度与套管上的刻度对齐点的数值 B 为 0.45mm,此数值为 $A+B$,即 55.5 + 0.45 = 55.95(mm)。

3 零校准

外径千分尺在使用之前,必须进行零位检查,要确保零刻度已对准,否则测量值不准确。

1) 零校准的做法

看微分筒锥面上的零线与固定套筒基线的零线是否重合。如不重合必须调整,其调整方法如下:例如:50～75mm 的千分尺零校准方法为:将校正棒和千分尺的测量端面擦干净,将校正棒放在固定测杆和活动测杆之间,转动棘轮使测量面接触,直到发出"嘎嘎"响声,查看微分筒圆锥面上的零线与固定套筒基线的零线是否重合,如不重合,应进行校正,如图5-13所示。

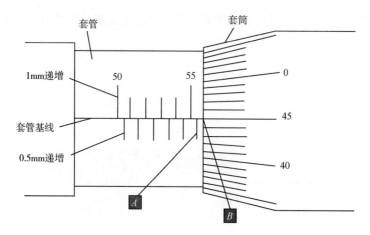

图 5-12　外径千分尺读数

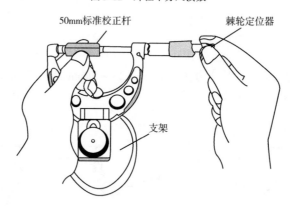

图 5-13　校正器使用

如果误差低于 0.02mm,用锁止装置把测量轴固定,然后使用调整扳手,移动和调整套管,如图 5-14 所示,直到两刻线对齐。

如果误差大于 0.02mm,使锁销啮合把轴固定,用调整扳手按图 5-15 中箭头方向松开,然后,将套筒的零刻度线与套管的基准线对齐后,再紧固棘轮定位器,如图 5-15 所示。

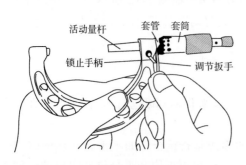 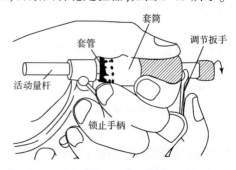

图 5-14　误差低于 0.02mm 的校正调节　　图 5-15　误差大于 0.02mm 的校正调节

2) 各种规格外径千分尺的零校准

(1) 0~25mm 量程千分尺的调整方法。0~25mm 量程千分尺调整时可直接校对,首先转动微分筒,使活动测杆和固定测杆轻轻接触,再用制动环或紧固手柄将活动测杆紧固住,松开后盖(螺母),再转动微分筒使其圆锥面上的零线与固定套筒基线的零线重合。左手捏住微分筒,使其不转动,右手上紧后盖,最后松开制动环。再转动微分筒,当棘轮发出响声时,再查看零位是否正确,如正确即为调整完毕,否则必须重复上述步骤再进行调整。

(2) 25mm 以上量程的千分尺调整方法。25mm 以上量程的千分尺调整应用校准棒(或量块)进行校正,其方法是把校准棒当作测量工件来进行测量,若这时千分尺上的读数同校准棒的标准尺寸相同,则说明零位已校准。若读数同校准棒标准尺寸不符,则说明零位不准,调整方法与 0~25mm 量程千分尺一样。

3) 检验其灵敏性

千分尺使用前,还应注意检验其灵敏性。在转动棘轮时,棘轮应能带动微分筒灵活地转动,在全程内不允许有卡滞或微分筒与固定套筒互相摩擦现象。用手把微分筒固定,或用制动环把活动测杆紧固住后,棘轮应能发出清脆的"嘎嘎"响声。

④ 使用方法

(1) 在测量时,应将被测工件擦净,将固定测杆抵住被测物,当测量杆接近工件时,停止转动微分筒,以免损坏千分尺或影响精度。这时一般只转动棘轮,等到棘轮发出"嘎嘎"响声后,可轻轻晃动千分尺,使测量面与零件表面稳妥接触,应避免只用测量面的边缘接触。必要时可再转一下棘轮,最后读千分尺的得数。如果要将千分尺拿下来读数,应先用锁止手柄将活动测杆固定住,再取下千分尺读取数,如图 5-16 所示。

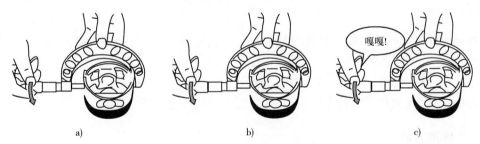

图 5-16 测量方法

(2) 测量时,左手拿弓架,右手旋动微分筒,千分尺测杆的轴线应和工件中心线垂直或平行。为了消除测量误差,最好在同一位置多测几次,取其平均值。

(3) 在测量小零件时,应把千分尺固定在支架上,通过移动被测物体,寻找可测得正确直径的位置,如图 5-17 所示。

(4) 在比较大的范围内调节千分尺时,起初应转动微分筒,而不应转动棘轮,这样既节省时间又防止棘轮过早磨损。但不要快速转动微分筒,以防活动测杆猛撞被测工件而损坏千分尺。

退尺时,应转动微分筒,而不是转动后盖或棘轮,以防后盖松动影响零位或使棘轮过早磨损。

在千分尺固定状态下测量小零件　　　　移动千分尺寻找准确的测量值

图 5-17　小零件测量方法

5 使用注意事项

(1) 外径千分尺只限于用来测量精密零件,绝不可用来测量毛坯等粗糙表面。
(2) 禁止用外径千分尺测量运转或高温机件。
(3) 严禁将外径千分尺当卡规用,或当锤子敲击等。
(4) 校准棒要保持完好无损。当必须拆卸维护时,应特别注意防止其螺纹碰撞,使用时不可用力拧紧微分筒。

四　百　分　表

百分表是一种指示量具,其在对轴类的弯曲度、圆度、圆柱度等测量中应用比较多。百分表测量简便、准确、迅速,在车辆维修中使用广泛。例如,轴类零件轴向间隙和弯曲的测量、齿轮啮合间隙的测量、轴颈磨损检测等。

1 结构

百分表由可圆周转动的大表盘、固定的小表盘、量杆、大小表针、测量杆等组成,其结构如图 5-18 所示。百分表的测量精度是 0.01mm,测量时,量杆向表内伸缩 1mm,则与其联动的短指针转一格,长指针则转一周。即:小表盘上每 1 格为 1.00mm;大表盘上一周 100 格,每格 0.01mm。大表盘可随外壳转动,并可用固定螺钉固定在任意位置。

2 使用方法

1) 安装

百分表不能单独使用,使用时,多将其固定在磁性或机械支架上配套使用,如图 5-19 所示。

使用时,将百分表安装在表架上,调整百分表位置和被测零件,以量杆端的触头抵住被测量面,并设置指针位置,使其位于移动量程的中心位置。即预先压缩 1~3mm(小指针转动 1~3 格),以消除量杆的游动间隙和测量所需的量程。这样在测量中既能显示正数值,也能显示负数值。然后将百分表固定,观察小指针的位置,然后转动活动大表盘,使大指针对准该表面上的"0"刻度线,即可进行测量。

2) 观察表盘显示

使被测零件按一定的要求移动或转动,从表盘上观察被测零件的数值变化,并读出大小指针的偏离值,如图 5-20 所示。

模块 5　常用量具

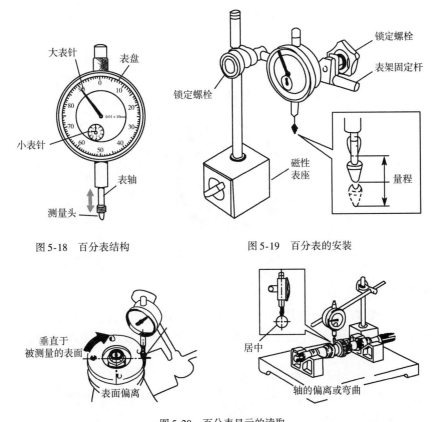

图 5-18　百分表结构　　　　图 5-19　百分表的安装

图 5-20　百分表显示的读取

3 使用注意事项

（1）百分表使用前，要检查其量杆移动是否灵活，指针是否跳动或有不回位的现象。如有异常须进行检修或更换。

（2）为保证测量的准确性，在测量时应使量杆垂直于被测表面。在测圆柱形零件时，应使量杆与零件的直径方向一致。

（3）使用百分表时，要轻拿轻放，不要过多推拉量杆，以免损坏表内传动机构。

（4）磁性表架使用后，应将中间的磁力开关推向解除一端，使其解除磁性，以延长其使用寿命。

五　内径百分表

内径百分表是一种用来测量内径的百分表，它的测量精度是 0.01mm。

1 结构

内径百分表的结构如图 5-21 所示，当活动吊耳移动 2mm 时，则长指针转动一圈，大表盘一周有 200 个小格，每个小格 0.01mm，表盘的读数：10 刻度 = 0.1mm。

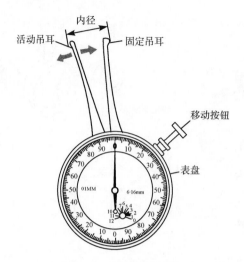

图 5-21　内径百分表结构

② 校准(调零)

内径百分表的校准(调零)就是把内径百分表设定到标准值,调零时用夹具固定该轴,使用固定的吊耳作为支点轴,用外径千分尺测出标准值,并且旋转表盘把表调到零位,如图 5-22 所示。

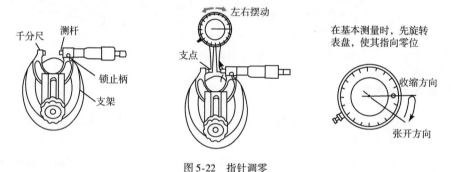

图 5-22　指针调零

③ 使用方法

(1) 选取被测物体标准值,在标准值位置把指针调零。

(2) 使用移动按钮关闭活动吊耳,并将此吊耳插入待测零件内,如图 5-23 所示。

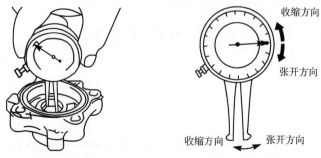

图 5-23　内径百分表的使用方法

(3)松开移动按钮,以固定吊耳作为支点轴,左右、上下晃动可移动吊耳,读出表盘上的测量值,如图 5-24 所示。

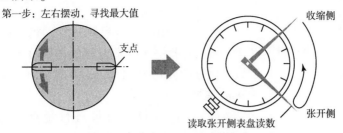

图 5-24　左右摆动的数值读取

左右摆动:找出最大距离的位置。找出指针移动最远距离的点,在最远点处,上下移动表的吊耳,在距离最短的那一点上读取读数;上下摆动:找出最小距离的位置,如图 5-25 所示。

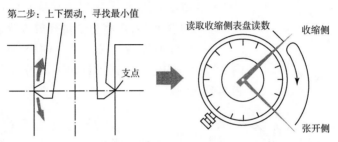

图 5-25　上下摆动的数值读取

④ 测量值的计算

测量值 = 标准测量值 ± 表读数。当被测物体真实值大于标准值时,测量值 = 标准测量值 + 表读数;当被测物体真实值小于标准值时,测量值 = 标准测量值 - 表读数。

例如:　　　　　　测量值 = 标准测量值 + 表读数
　　　　　　　　　12.20mm = 12.00mm + 0.2mm

其中:12.00mm——标准测量值,0.2mm——表读数(左右摆动方向),12.20mm——测量值。

六　量　缸　表

量缸表又称内径百分表,多用于孔径的测量。在汽车维修中,主要用来测量发动机汽缸内径、圆度、圆柱度和磨损等。

① 结构

量缸表由百分表及量杆传动装置组合而成,如图 5-26 所示。为测量不同直径的汽缸或孔径,备有各种不同长度的量杆,并在各量杆上都标有测量的范围,以便选用。量缸表的测量精度为 0.01mm,探头的伸长或收缩可用表盘指示器读出数值。

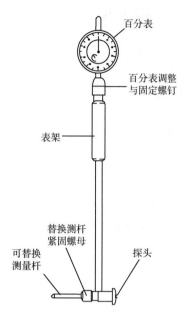

图 5-26 量缸表结构

2 使用方法

1)量缸表设定

(1)首先用游标卡尺测量发动机缸径,获得其标准尺寸。然后选择一个合适量程的替换杆和一个调整垫圈,使量程比缸径大 0.5~1.0mm,在替换杆上标有其尺寸,并以 5mm 递增。

(2)使用外径千分尺进行量缸表量程的确定[图5-27b)]。量程确定后,将量缸表的大表盘表针调到零刻线位置,小表盘指针显示在 1~2 格的位置(百分表约有 1~2mm 的压缩量)。

2)汽缸的测量

(1)测量缸径时,要先用活动探头位置抵住汽缸壁,轻轻压缩活动探头后,再将整个量杆放入汽缸。

(2)慢慢地推活动探头的导向板,并移动量杆寻找缸内最短距离的位置。读出最短距离位置上的刻度数值,如图 5-28 所示。

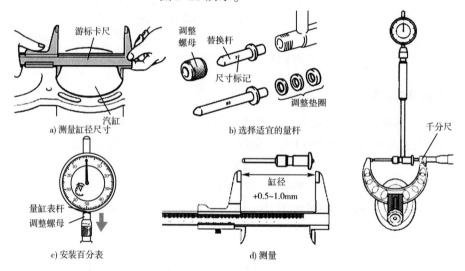

图 5-27 量缸表的选配

(3)将量杆伸入汽缸来回测量(图5-29)。如果大表针指在"0"刻度,说明被测汽缸内径与标准尺寸相同;若指针以顺时针方向转过"0"刻度,则说明量杆在缩短,此时的汽缸实际尺寸应为:汽缸标准尺寸-指针转过的刻度值;若指针以逆时针方向转过"0"刻度,则说明量杆在伸长,此时的汽缸实际尺寸应为:汽缸标准尺寸+指针转过的刻度值。

(4)缸孔是一个精确加工的圆,但活塞推力面受到来自汽缸顶面的压力,在高温高压下活塞及活塞环与缸壁受力面长时间摩擦,因此,缸孔就可能变成椭圆或部分锥形。在测量缸径圆度时,在同一平面上要至少测量两次,而且两次要垂直;在测量缸径圆柱度时要分别测量上、中、下三部分,读取三个以上数值,然后取平均值,如图 5-30 所示。

模块5　常用量具

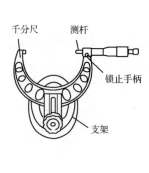
a)固定千分尺

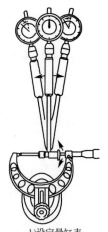
b)设定量缸表

c)设定零位置

图 5-28　量缸表的设定

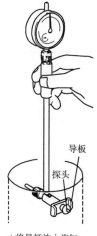
a)将量杆放入汽缸

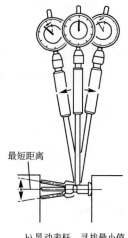
b)晃动表杆，寻找最小值

c)读显示值

例：量缸表读数为0.05

图 5-29　测量汽缸数值的读取

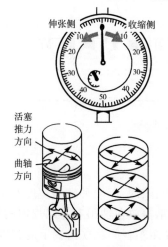

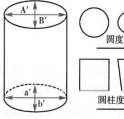
圆度

圆柱度

图 5-30　测量汽缸的方法

119

3 使用注意事项

（1）量缸表使用时，应使量杆与孔径的轴线垂直。

（2）将量缸表从有缸肩的汽缸内取出时，要倾斜着取出，以防量杆与缸肩碰撞，损坏活动量杆。

（3）量缸表使用时要轻拿轻放，用后须擦拭干净，收齐附件后一并放入表盒内保管。

七、塑料间隙规

在日系车维修中，塑料间隙规用于测量用盖子紧固部位的间隙，例如：曲轴轴颈和曲轴连杆轴颈。

1 规格

塑料间隙规由软塑料制成，分三种颜色，每一种表示不同的厚度，绿色为0.025~0.076mm；红色为0.051~0.152mm，蓝色为0.102~0.229mm，如图5-31所示。

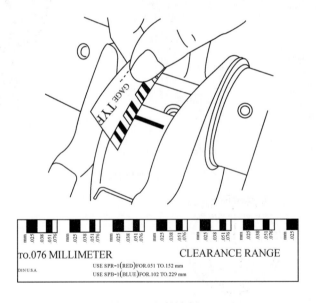

图5-31 塑料间隙规

2 使用方法

清洁被测量的轴颈和轴承，截取相应长度的间隙规，以便和轴承宽度匹配，如图5-32所示。将塑料间隙规沿轴线方向放在轴颈上，把轴承盖放在轴颈上并以规定的扭矩将其紧固。安装完毕后切勿转动曲轴，然后拆下轴承盖，并使用塑料间隙规封套上的刻度来确定受压变形后的塑料间隙规的宽度数值，以塑料间隙规最宽部位的宽度为计算值。

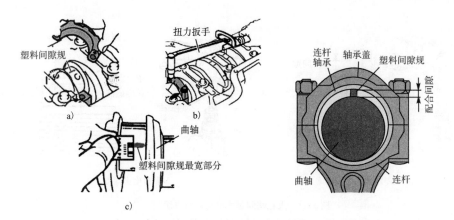

图 5-32 塑料间隙规的用法

八 火花塞间隙量规

由于高压电弧的作用,火花塞会随着使用时间的延续,产生电极消耗、间隙变大的情况,当其超出规定范围时,将导致发动机性能下降和耗油增加。因此,火花塞电极间隙的检查是汽车维护的常见内容。火花塞间隙量规则专门用来测量和调节火花塞间隙。

1 规格

火花塞间隙量规的测量范围为 0.8～1.1mm,不同厚度的线规可用于测量不同的火花塞间隙,如图 5-33 所示。

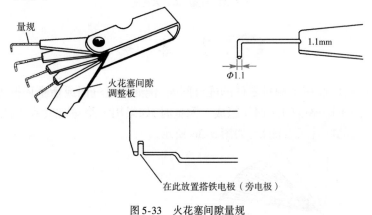

图 5-33 火花塞间隙量规

2 使用方法

测量火花塞电极间隙时,如果在电极间滑动间隙规有轻微阻力但没有空旷感[图 5-34a)],此时读出的量规数值即为火花塞电极间隙。

如果不符合规定标准,把接地电极(侧电极)放在量规槽里进行弯曲,以便调整间隙[图 5-34b)]。调整时将调整板的缺口部分放在火花塞的接地电极上,然后弯曲电极进行调整,注意不要碰触到绝缘体和中心电极。

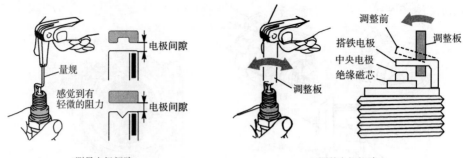

图 5-34　火花塞间隙测量与调整方法

铂金、铱金类型的火花塞(图 5-35)由于其耐蚀性强,使用寿命长(100000~240000km),因此,在定期检查期间无须进行间隙检查和调整。

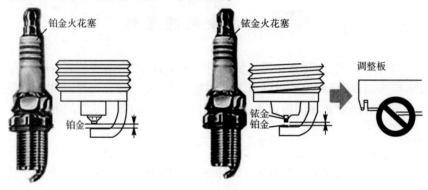

图 5-35　铂金、铱金火花塞

九　厚　薄　规

厚薄规又叫厚度规,用于测量零件的配合间隙,例如测量气门或活塞环槽等的间隙。

厚薄规有一组不同厚度的薄钢片组成。测量时,如果用一个量规叶片不能测量间隙,则可用 2 或 3 个量规的叶片组合测量,如图 5-36 所示。

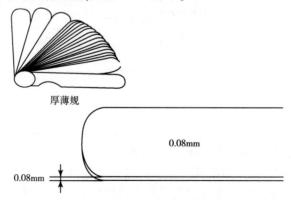

图 5-36　厚度规结构

测量时将不用的量规叶片折叠起来,以便尽可能使用最少量的量规叶片,如图 5-37 所示。

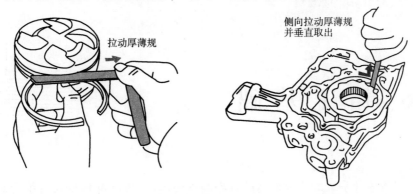

图 5-37　厚度规使用方法

为了避免量规叶片顶部弯曲或损坏,切勿强行将其推入待测部位。在把叶片放起来之前,要清洁其表面并涂油防锈(图 5-38)。

图 5-38　厚度规规范使用与保存

思考与练习

1. 选择题

(1)根据不同零件,使用不同工具拆下或装上螺栓、螺母。按下列优先级顺序选择工具:
　　(　　　)→(　　　)→(　　　)
　　A. 成套套筒扳手　　　B. 梅花扳手　　　C. 开口扳手

(2)内径量规有一条长臂,每次探头移动 2mm 时,长臂旋转一圈。下列各项测量值中哪一项代表量规长臂指向"20"时的正确值?　　　　　　　　　　　　　　　　(　　)
　　A. 0.02mm　　　B. 0.2mm　　　C. 2mm　　　D. 20mm

(3)下列各测量仪器中哪一件最适合于测量活塞外径?　　　　　　　　　(　　)
　　A. 游标卡尺　　测量精度:0.05mm　　　B. 量缸表　　测量精度:0.01mm
　　C. 测微计　　测量精度:0.01mm　　　　D. 卡规　　　测量精度:0.01mm

2. 判断题

(1)在最后拧紧螺栓螺母时,用扭力扳手按修理手册的要求用规定的力矩拧紧。(　　)
(2)测量零件尺寸时要使用测量精度适合零件要求精度的测量仪器。　　　(　　)

模块 6 钳工基础

钳工是利用各种手工工具对金属进行冷加工的工作，为所有机械设备维修的基础。钳工是以手工完成工作的工种，其工作范围非常广泛，既有切削加工，又有拆卸装配及修整机件等工作，包括画线、錾削、锯割、锉削、钻孔、攻丝和套扣等内容。它能完成目前机械加工中还不能完全用自动化机械解决的各项任务，特别是配制一些复杂零星的机件，尤其需要有钳工的配合。因而钳工工作是汽车维修工作的技能基础。

学习目标

本模块介绍了钳工技能的画线、錾削、锯割、锉削、钻孔、攻丝和套扣等基础内容。通过本模块的学习，可使学生了解钳工的基础技能，熟悉钳工工作的主要用途，掌握汽车维修作业中常用的钳工技能。

学习重点

1. 锉削技能；
2. 钻孔技能；
3. 锯割技能；
4. 攻丝和套扣技能用。

学习难点

1. 钻孔与钻头修磨技能；
2. 锉削与锯割精度的保证；
3. 攻螺纹前底孔直径的确定及操作技能。

一、钳工常用设备和工具

钳工常用的设备和工具主要有：钳台、虎钳、台钻、砂轮机、切削手工具、画线工具、必要的量具等。大部分设备和工具将在以后各节详细介绍，这里只着重介绍钳台和台虎钳。

1. 钳台

钳台(或称工作台)用来安装虎钳和放置工具、量具等，它是钳工作业的主要工作台。常见的有单人钳台和多人钳台两种,它用坚实的杂木或金属型材制成。台面离地面的高度约为 800~900mm。钳台上除放置常用几种工具外,一般工具均放在钳工抽屉内,如图 6-1 所示。

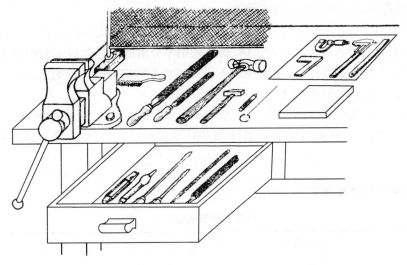

图 6-1　钳工常用设备工具及摆放

② 台虎钳

台虎钳(或称台钳)用于夹持工件,有固定式和回转式两种。台虎钳的规格是以钳口的宽度来表示,一般常用的为 100~150mm。台虎钳安装于工作台的高度,可根据操作者的身高而定,一般要求以"一手握拳托于下腭,肘部能刚好抵及钳口"的高度较为适宜,便于工作时施力,减少疲劳。

在使用台虎钳时,应注意以下事项。

①台虎钳应牢靠地固定在钳台上,不可松动。

②使用台虎钳时,只能尽双手的力量来扳紧手柄。不能将手柄加长,以免损坏相互配合的螺杆和螺母。

③夹持精密工件时,一定要用软金属钳口衬垫。

④只允许在台虎钳的砧面上锤击工件,其他部分不允许敲打。

⑤台虎钳的螺杆和螺母及滑动面要经常加油保持润滑。

⑥工件超过钳口太长,要用支架支持悬空的部分。夹持不规则的工件时,要设法加衬垫。

⑦要经常检查台虎钳的夹紧盘、底盘、钳身等铸铁件是否有裂纹和破损,以防使用过程中出现安全隐患。如有损坏,应立即更换。

二、画　线

画线是指在金属毛坯或工件上,用画线工具划出待加工部位的轮廓线或作为基准的点和线,这些点和线标明了工件某部分的形状、尺寸或特性,并确定了加工的尺寸界线。

画线分为平面画线和立体画线。只需在一个平面上画线既能满足加工要求的,称为平面画线,如板料表面等;在工件的几个互成角度的表面上画线才能满足加工要求的,称为立体画线,如矩形零件的各个表面加工线等。

画线的作用不仅在于加工时有明确的标志作依据,防止加工时产生差错,而且通过画线还可以检查毛坯的形状和尺寸是否合格,避免采用不合格的毛坯造成工时的浪费。另外,对形状和尺寸偏差较小的毛坯(接近废品的坯料),可借画线方法适当分配加工余量,补救毛坯缺陷,不使之报废,以免造成浪费。

画线是一项复杂而重要的工作。因此在画线前要看懂图纸,精通各种画线工具和测量工具的使用方法;其次在画线的时候要仔细并且要多次检查,以免由于画线的错误而造成废品。

① 常用的简单画线工具(表6-1)

钳工常用等画线工具　　　　　　　　　表6-1

工具名称	工具实物图	用　　途
画线平板		平板由铸铁毛坯经精刨或刮削制成。其作用是用来安放工件和画线工具并在其工作面上完成画线及检测过程。为保持其精确度,禁止在平台上敲打、锤击作业
画线盘		主要用于在工件上画同高的直线和平行线。它由底座、立柱、画针和紧定螺丝组成,其中画针的一端是针状,供画线用,另一端有弯钩,用来检查工件平面是否平整。调整紧定螺丝可以使画针上下移动
画针		画针用于沿钢板尺、角尺或画线样板在工件上画线。画针用钢丝制成,尖端经过磨锐淬火处理,其角度为15°~30°,使用的方法与使用铅笔的手法相似
画规		画规的用途是把加工尺寸标注到工件上,作线段的等分、作角度、划圆弧和划圆等。画规一般采用45号~50号碳素钢制成,尖端经过淬火,并要求两脚的脚尖均制成45°角。修磨时只能磨两脚的外侧,不要磨画规脚的内侧。画规的使用方法与圆规相同
游标高度卡尺		常用游标高度卡尺有0~200mm、0~300mm等规格,既可以用来测量高度,又可以用量爪直接画线
样冲		加工毛坯时,画线容易被擦掉。为了便于辨别画线的位置,画线之后使用样冲在线上打出冲眼(图6-7)
90°角尺		画线时可作为划垂直线或平行线的导向工具,同时可用来找正工件在平板上的垂直位置

续上表

工具名称	工具实物图	用　　途
画线方箱		方箱上的V形槽平行于相应的平面,它用于装夹圆柱形工件。画线时,可用C形夹头将工件夹于方箱上,再通过翻转方箱,便可以在一次安装的情况下,将工件上互相垂直的三个方向的线全部画出来
V形架		一般的V形架是两块为一副,V形槽夹角为90°或120°,主要用于支承轴类工件、垫高工件以及划45°画线用

② 画线涂料

为了使工件上的画线更清晰,应在画线面上用毛刷涂上一层薄而均匀的涂料,涂料的种类很多,常用的有以下几种。

1)石灰水

它是用稀糊状熟石灰水加适量牛皮胶调和而成,一般用在表面粗糙的锻件或铸件上。

2)蓝油

它是用2%~4%的甲紫加3%~5%的虫胶漆和91%~95%的酒精混合而成,一般用在已加工的表面上。

3)硫酸铜溶液

它是用硫酸铜(兰矾)加水溶合而成,用在已加工的表面上。因硫酸铜有毒,用时应多加注意防护。

③ 画线的方法

1)找基准

画线之前必须首先选择画线基准,只有确定好画线基准,并以此作为画线的依据,才便于找出各个线条之间的位置。因此,找基准是画线的关键。

(1)根据图纸找基准。在零件图上都有一条或几条基准线,作为标注尺寸的基准,如图6-2a)中的两个互相垂直的平面,图6-2b)中的两条中心线。画线时,可根据零件图上的基准线作为画线的基准。

(2)根据毛坯的形状找基准。如果毛坯上有孔或较平整的面,就应以孔的中心线或比较平整的平面作基准。凡圆柱形工件,应以中心线为基准,如图6-2c)所示。

(3)根据工件的加工情况找基准。如果毛坯上有加工过的表面,就以加工过的表面为基准。

2)画线的方法

凡是几何图形都是由直线和曲线组成的。要掌握画线的方法,首先要学会几种基本线的划法。

(1)划垂直线。在没有基准面的工件上划垂直线,可以用钢尺、角尺和圆规来划,如图6-3a)所示;有基准面的工件,可以用靠边角尺划垂直线,如图6-3b)所示。

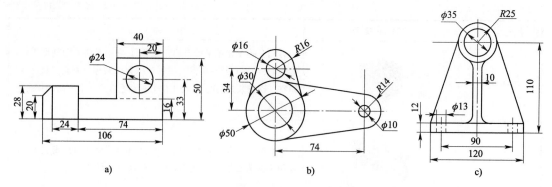

图 6-2 三种常用找基准的方法(单位:mm)

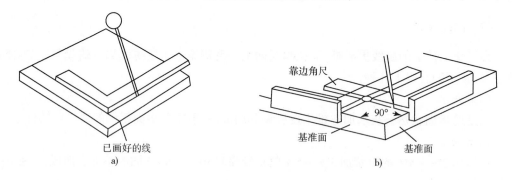

图 6-3 画垂直线

(2)画平行线。在仅有一个或两个基准面的工件上画平行线,可以用靠边角尺来画,其间距可以用钢尺测定,如图 6-4 所示。如果将画线盘的画针调整到不同的高度,就可以在平台上画出平行线。

3)找中心

(1)几何作图法找中心。如图 6-5 所示,假定有一块带现成圆孔的铁板,但还不知圆孔的中心,在开始画线前,先把一根木棒插进圆孔内。然后在圆孔的边缘轻轻地作三点 A、B 和 C,以 A、B、C 为圆心画四条相交弧线 1-2 和 3-4。通过弧线的相交点,画两条直线,直到两条直线在 O 点相交为止,这两条直线的交点就是所求的圆孔的中心。

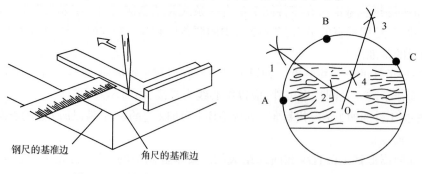

图 6-4 画平行线　　　　　　图 6-5 几何画线法定中心

(2)用圆规定中心。先把工件夹于虎钳内,使圆规两脚的开度略大于工件的半径,或小于半径,然后把圆规的一只脚靠着工件的边沿并用大拇指挟住,用另一只脚画一条弧线,然后将圆规移动约90°,用同样的方法画出第二条弧线,依此类推,画出第三条和第四条弧线。在所画出的弧线内来求圆周的中心,再用中心冲冲出中心眼,如图6-6所示。但此种方法不够精确。

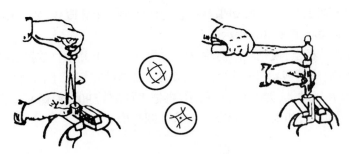

图6-6 用圆规划中心

(3)用画针盘与V形铁配合求中心。将工件稳放在V形铁槽内,把画针盘调整到接近工件中心的高度,画一短线,然后将工件转180°,用同样高度再画一短线,重合即可。如不重合,则调整画针于两条短线中间高度处画线,如此反复,直到重合时,画一直线,再将工件转90°,以同一高度画线,两线交点就是中心。

4)画线的步骤

(1)详细研究工件图纸或实物,认清所要求的形状和尺寸,确定画线基准,并选好合适的毛坯或板料,将其平放于平板或平台上。

(2)涂色。清除毛坯表面的污物,并在需要画线的部位涂上涂料。

(3)画线。正确地使用量具和画线工具,按照图样,以画线基准为依据,画出相关的各条线,其画法与几何作图类似,线条要清晰简洁。

(4)对照图纸或实物检查划线的正确性。检查时,依据划线的顺序,从基准开始,逐条地测量,特别是重要的部位,更要认真检查,以免造成废品。

(5)打冲眼。其方法如图6-7所示。

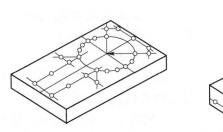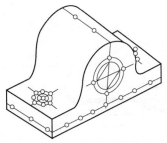

图6-7 打冲眼的方法

画线完毕后,对加工的界线,应以样冲冲眼作为加工的标记,打冲眼时应注意以下几点:

①直线上冲眼可稀些,弧线上冲眼应密些。

②两线的交点上,一定要打冲眼。

③冲眼的排列要均匀,并应打在线的中央。

④毛坯表面和钻孔的中心要打正、打深一些,以便于起钻。

⑤加工过的表面和薄板要打浅一些,软料和精加工的表面可以不打。

(6)检查画线质量。对照零件图检查各部分尺寸和线条是否有错误和遗漏,最后打上冲眼。

5)平面画线举例

工件的前面是加工后的表面,如果要在它的前面画一个孔眼线,如图6-8a)所示,那么它的画线方法如图6-8b)、图6-8c)所示。

先把工件放在平板上,使钢尺的前端(O点)靠在平台上并垂直放置,这时工件的基准面和钢尺的O点等高,用画线盘按图样所示的高度,以画针在钢尺上准确地量好中心线的尺寸,把这一高度画在工件上,如图6-8b)所示,再把工件翻转90°,使侧面靠在平台上,用上述方法再画另一条中心线,如图6-8c)所示,最后画圆打中心冲眼。

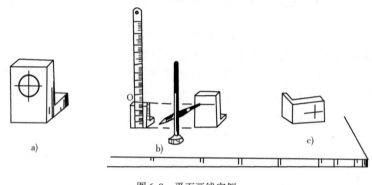

图6-8 平面画线实例

4 样板和实物画线

1)样板画线

样板画线适用于大批同样工件或数量虽少而曲线繁多,难于用其他方法画线的工件。

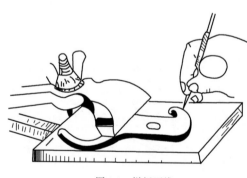

画线时,把预先做好的样板牢牢地压在涂有涂料的毛坯平面上,然后用画针紧靠样板边沿围绕一周画出轮廓线。这样画线既方便又能提高工作效率,如图6-9所示。

2)实物画线

在汽车零件修理中,如果没有零件图,可根据实物量取尺寸,或用实物作样板进行画线。如果利用旧零件画线,则应在量取尺寸时,考虑到零件的磨损情况,将磨损部位的尺寸适当加大。

图6-9 样板画线

三、錾削

用手锤敲击錾子对金属进行切削加工,叫錾削(图6-10)。在机械加工中,由于某种原因不能加工的毛坯或不便加工的表面,可以用錾削的方法加工。

1 錾削用的工具

(1) 手锤。钳工用的手锤有圆头、方头两种,用 T7A、T8A 材料制成,两头经淬火,硬度 HRC50。常用的手锤有 0.25kg、0.5kg、1kg 三种,根据錾削需要来选用手锤的重量。

(2) 錾子。錾子是一般采用 T7A、T8A 材料锻制成的。刃口部经淬火,低温回火,硬度 HRC45~50。其长度一般为 100~200mm。錾子刃口宽度是根据工作需要来决定,扁錾子刃口宽度一般在 20mm 以内,尖铲子刃口宽度在 5mm 左右。

图 6-10 錾削加工

2 錾子的规格

(1) 錾子的类型。根据不同的工作要求,常用的錾子有下列三种,如图 6-11 所示。
① 扁錾(扁铲)。用来錾切铸件毛边,錾切平面和切断薄的工件,见图 6-11a)。
② 尖錾。用来錾槽,见图 6-11b)。
③ 油槽錾。用来錾油槽,见图 6-11c)。

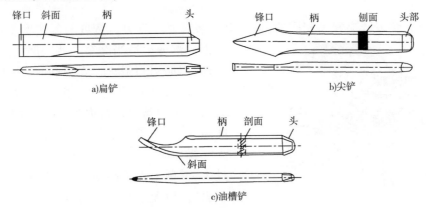

图 6-11 錾子的种类

(2) 錾子楔角。錾削时,錾子楔角的大小要根据被錾削材料的硬度来选定。材料越硬,楔角越大;材料越软,楔角越小。为保证錾削效率高,錾刃强度大,錾子锋口的楔角一般有下列三种,如图 6-12 所示。

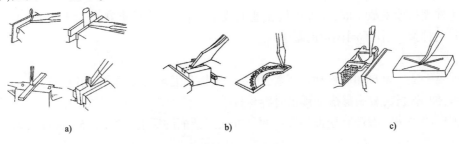

图 6-12 錾子的应用

①楔角为30°~50°,适用于25号以下的结构钢、铝合金、锌合金、紫铜及黄铜等软韧金属。

②楔角为50°~60°,适用于25~70号结构钢、铸钢、青铜等材料。

③楔角为60°~70°,适用于优质工具钢、生铁等硬脆材料。

(3)錾子刃口的刃磨。錾子经多次使用后,楔形锋口就会变钝甚至崩裂,若要继续使用,就得重新刃磨,其方法如图6-13所示。两手将錾身握牢,使刃口向上,斜放在砂轮上,轻加压力并左右移动着磨,在磨时应经常翻转,交替着磨两面,并经常检查楔角,錾子楔角可用样板进行检查,刃口也要磨正。

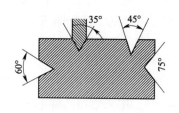

图6-13 錾子的刃磨和角度检查

尖錾与扁錾刃磨要领是相同的,但尖錾在磨时要注意刃口宽度与錾槽宽度一致,刃

口以后部分要适当磨窄一些。磨时应需用水冷却,以防刃口退火。在刃磨时,为了防止工伤事故,要注意检查砂轮机的技术情况。支架与砂轮的间隙是否适当(一般为3mm),若间隙太大,工件容易卡入,使砂轮破裂飞出伤人。操作时,最好站在砂轮机侧方,压力不能过大,并戴上保护眼镜,錾子刃口千万不要向下去磨,以免卡在砂轮与搁架中间,如图6-14所示。

图6-14 刃磨时发生的意外事故

3 錾削的操作方法

(1)錾削前的准备。

将工件夹持或安放牢固,大件可放在地上或工作台上,小件夹在虎钳上,并根据工件的金属材料的种类,选择不同楔角的錾子。

(2)錾削姿势。

①握錾手法。要自如而松动地握着,主要用中指和无名指夹紧,尾端伸出约20mm,如图6-15所示,伸出过长,錾头身摆动锤击时容易打手。

②握锤的手法。握锤有松握和紧握两种方式。锤柄的后端可留出15~30mm,如图6-16所示。

③挥锤方法。如图 6-17 所示,挥锤的方法有手挥、肘挥和臂挥三种。手挥只有手的运动,锤击力小,一般用于錾削开始和结束或錾油槽等;肘挥是手和肘部一起运动,锤击力较大;运用最广的臂挥是手、酣和臂都一起运动,锤击力较大。

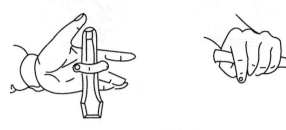

图 6-15 握錾的手法

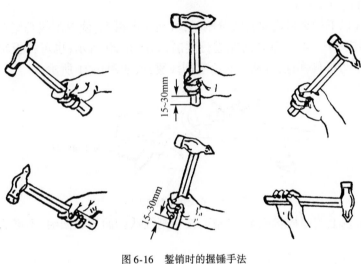

图 6-16 錾销时的握锤手法

a)手挥

b)肘挥

c)臂挥

图 6-17 挥锤的手法

錾削的效果决定于对錾子的锤击力和每分钟的锤击次数。在虎钳上錾削时每分钟可锤击 30～40 次。

④錾削姿势。錾削时站立的姿势,应使全身不易疲劳并且便于用力,图 6-18 是錾削时的站立姿势。如图 6-19 所示,錾削时,两眼注视錾口,左手应将錾子握稳,并始终保持应有的角度,右手挥锤时,应当稳准有力。

錾削要领归纳为:左手握稳錾,右手把锤挥,眼看錾刃口,锤击稳准狠。

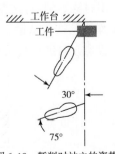

图 6-18 錾削时站立的姿势

a) 正确　　　　　　　　　　　b) 错误

图 6-19　錾削时的视点位置

④ 錾削应用举例

（1）錾削板料（分割板料）。

厚度在 5mm 以下的板料需要直线分割时，可夹在虎钳上，使錾削线与钳口平齐，然后用扁铲斜对着板料成 30°~45°，自右向左进行錾削，如图 6-20 所示；也可将板料放在铁砧上，下放衬垫，使錾子与板料垂直，自从一边沿錾削线錾开，如图 6-21 所示。

图 6-20　在虎钳上錾薄板料

厚度在 5mm 以上的厚板料或条料錾削，按切割线从四面錾成凹痕，不必太深，就可以打断，如图 6-22 所示。

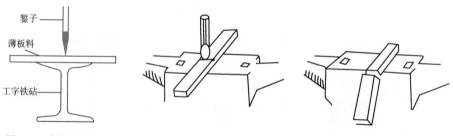

图 6-21　薄板料的錾削　　　　　　图 6-22　厚板料的錾削

（2）錾削平面。

用扁錾錾削，每次錾削量为 0.5~2mm，最后细錾以 0.5mm 为宜，并且还要留下 0.5~1mm 作为其加工余量。錾削窄平面时，为了提高工作效率，可按图 6-23 所示不断地从两边变换錾削方向进行交叉錾削。

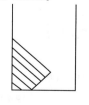

图 6-23　錾削窄平面

錾削宽平面时,先用狭錾开槽,槽之间的间隔应为扁錾刃宽的3/4,然后再用扁錾(斜成30°角)錾掉凸出部分,如图6-24所示。每当要錾到尽头时应停止,从另一头錾掉尽头部分。

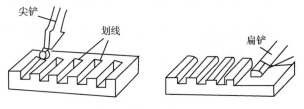

图6-24 錾削宽平面

錾削平面时,錾子的后刃面与工件表面形成的夹角,一般在5°~8°左右,如图6-25所示。该夹角大小应根据材料的软硬和錾削量的大小而定,錾削量大或材料硬时夹角要大,反之夹角要小。

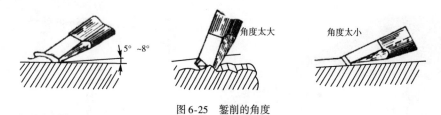

图6-25 錾削的角度

(3)錾键槽和油槽。

錾键槽时,先在工件上划好线,而后选择适合的尖铲,錾出键槽。

錾油槽时,先在平面或曲面上划好油槽线,用油槽錾錾出光滑、均匀的油槽,然后用三角锉或刮刀刮去毛刺,如图6-26所示。

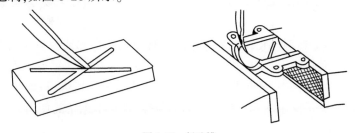

图6-26 錾油槽

(4)錾削工件的轮廓。

按划出的轮廓线在铁钻上錾削。当工件轮廓较复杂时,为了避免工件变形,可采用在工件轮廓周围钻出密集排列孔,然后再进行錾削。直线部分用扁錾,见图6-27a);曲线部分用尖铲,见图6-27b)。为了保护铁砧平面,最好从两面錾开或垫上一块薄板料。

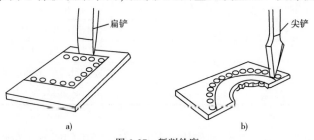

图6-27 錾削轮廓

四 锯 割

锯割是用锯对金属进行切割加工的操作,如图 6-28 所示。它可以按照一定的尺寸,对工件或材料进行切断、锯缺口和沟槽等。

1 手锯

钳工用来进行锯割的主要工具是手锯,它由锯弓和锯条两部分组成。

(1)锯弓。

锯弓有两种类型:固定式和可调节式,如图 6-29 所示。其中,图 6-29a)为固定式锯弓,图 6-29b)为可调式锯弓。其中可调节式锯弓使用时较方便,因为它能安装长短不同的锯条。

图 6-28 锯割

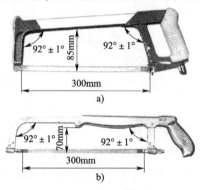

图 6-29 锯弓的类型

(2)锯条。

锯条由薄而硬的工具钢(T8A 或含钨的合金钢)制成,全部或仅锯齿部分经淬火处理。全部淬火的锯条,性质较脆,容易折断。锯条长度一般为 300mm。锯齿排列有三刃交叉和波浪形两种,这两种排列的作用是使锯出的锯缝宽度比锯条的厚度大,以防止在锯割时锯条被锯缝卡住,同时也减少了锯条两侧与锯缝之间的摩擦,延长了锯条的使用寿命。

(3)锯条的选用。

锯齿的粗细通常用每 25mm 内的齿数来表示,锯齿的粗细必须适合工件的软硬和厚薄,原则上是锯较硬而薄的工件须选用细齿锯条,锯厚而软的工件需选用粗齿锯条。锯齿的粗细和用途如表 6-2 所示。

锯条的选择　　　　表 6-2

区　分	齿数/25mm	用　途
粗	14~16	铝、紫铜、轴承合金层材料、塑料
中	18	铸铁、高碳钢、中碳钢
细	24	黄铜、厚壁管子、较厚的型钢
特细	32	小而薄的型钢、板料、薄壁管子、电缆

(4)锯条的安装。

锯割是在推手锯的时候发生切削作用,所以在安装锯条的时候,必须要注意齿尖端的方向要朝前(推的方向),如图6-30所示。要根据工件材料的种类和厚薄选择锯条。装在锯弓上,松紧要适当。不能过紧或过松,过紧会失去应有的弹性;过松则会使锯条在锯割时发生弯曲、摆动,易使锯缝歪斜或锯条折断。

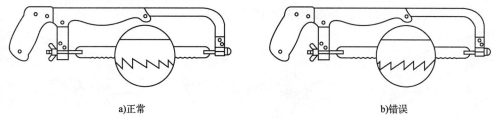

图6-30 锯条的安装方向

锯缝超过锯弓高度,可先按图6-31a)的方法进行锯割,直到不能锯割时,将锯条和锯弓调成90°进行锯割,如图6-31b)所示。

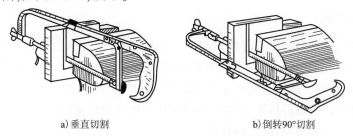

图6-31 深锯缝的锯割方法

② 工件的夹持

工件伸出钳口不宜过长或过短,应和钳口垂直或平行,并尽量夹持在虎钳的左面,以便于操作。对于较大工件就在原地锯割。

工件应夹紧,以防止工件移动和弹动。锯割薄的工件,为了避免工件颤动,可用两块木板将薄工件夹住,一起在台虎钳锯割;持圆管及圆形工件时,应使用V形铁或衬垫,如图6-32所示。

③ 手锯的握法及站立姿势

锯割时右手握住锯柄,左手大拇指压于锯弓上面,其余四指握住锯弓,如图6-33所示。站立姿势是:右腿伸直,左腿稍弯,身体稍向前倾,重心落于左脚上。

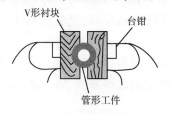

图6-32 用V形槽衬垫夹圆管

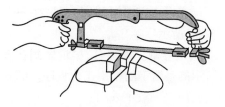

图6-33 手锯握持的姿势

④ 起锯的方法

起锯的方法有远起锯和近起锯两种,如图6-34所示。起锯时,为使锯齿容易吃进工件,应有一定的起锯角度(约15°)。起锯角度过大,锯齿钩住工件的棱边,易使锯齿折断;起锯角度过小,锯齿吃不进工件,而且容易打滑,擦伤工件。为使起锯位置准确,可用左手拇指的指甲靠住锯条,右手推锯,锯出起锯槽;也可用三角锉锉出起锯槽,然后再锯。在开始起锯时要慢,用力不要过猛,当有了正确的锯路后,再开始锯割。

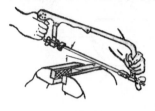 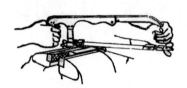 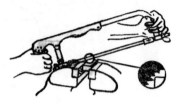

a) 远端起锯　　　　　　b) 近端起锯　　　　　　c) 起锯角度过大

图 6-34　起锯的方法

5 锯割的要领

锯割时,两臂、两脚和上身三者要协调一致,两臂稍弯曲,同时用力推进,手锯退回时不用压力。锯条在锯入工件时不得歪斜,来回必须作直线运动,同时要以锯条的全长进行锯割,以免锯齿磨损不均。锯割速度和压力应根据材料性质、工件截面大小而定。锯割硬材料要压力大、速度慢;锯割软材料要压力小、速度快,一般每分钟40~50次。当工件快要锯断时,锯割的速度要慢,压力要轻,行程要小。

在锯割过程中,为了减少摩擦生热,延长锯条的使用寿命,应不断向锯缝内加润滑剂。如钢材可使用机油,铜料可使用肥皂水。如发现锯缝已偏斜时,应先将锯条取出,根据情况可将工件转换方向,重新起锯,不可强制纠正,否则容易折断锯条。

6 工件锯割的实例

(1) 扁料的锯割。一般应在宽面上开始起锯(图6-35),这样可使锯缝长度增加,减少锯齿崩断的危险,因为锯缝浅,锯条不易被锯路夹住。若从窄边起锯,不易锯入且容易损坏锯条。

(2) 棒料的锯割。对于直径较小的棒料可以直接锯断;直径较大时,可沿周围锯入深槽,然后打断。

(3) 管子的锯割。在锯割前,先选择细齿锯条,然后在管子周边画线。在虎钳上夹持管子时应采用带V形槽的钳口衬块或木垫,防止将管子夹扁。锯割时,为防止锯条被管壁卡住而折断,不能在一个方向锯到底,而是在一个方向将管壁锯穿后,把管子转个角度,另行起锯,如图6-36所示。

(4) 型材的锯割。锯割时,尽量做到在较宽的面上起锯,同时还要多次改变夹持位置。图6-37所示的是槽钢的锯割操作程序。图6-37d)所示的起锯方法,效率低,锯齿易崩断,锯缝也不平整,所以一般不采用。

(5) 螺丝刀一字口的锯法。螺丝刀一字口的大小有所不同,锯割的方法也不一样。宽一字口可用两根锯条并起来锯割(一根锯条的齿向前,另一根锯条的齿向后),深度一般为螺钉头厚度的1/2或2/3;较窄的一字口,则用单根锯条锯割。夹持螺钉时,应注意在钳口内垫上软钳口,以免损坏螺钉的螺纹。

模块 6　钳工基础

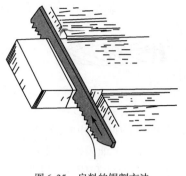

图 6-35　扁料的锯割方法

正确

错误

图 6-36　锯割管形工件

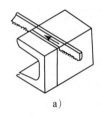

a)

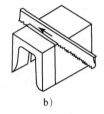

b)

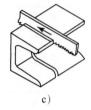

c)

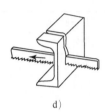

d)

图 6-37　槽钢的锯割程序

五　锉　　削

锉削是钳工加工的主要方法之一,它是用锉刀锉去工件表面的多余部分,使工件符合图纸上所要求的尺寸、形状和表面光洁度,如图 6-38 所示。

1　锉刀

锉削用的切削工具是锉刀。锉刀材料一般是采用碳素工具钢 T13A、T12A、T13 或 T12 来制作。

图 6-38　锉削

(1)锉刀的各部分名称(图 6-39)。

①锉刀的长度:指由尖端到根部的距离。

②锉刀边:锉刀上最窄的边(没齿的边叫安全边或光边)。

③锉刀面:锉刀上最宽的面。

④锉刀根:指锉刀上没齿的一段,它跟舌部连接。

⑤锉刀舌:指锉刀的尾部,像锥子一样插入木柄中。

⑥锉刀柄:装锉刀舌用的,它的一头装有铁箍,以防止木柄劈裂。

(2)锉刀的分类。锉刀分为普通锉刀和组锉两类。

①普通锉刀。普通锉刀通常按长度、锉齿粗细和断面形状来分类。

按长度分:100mm(4 英寸)、150mm(6 英寸)、200mm(8 英寸)、250mm(10 英寸)、300mm(12 英寸)、350mm(14 英寸)、400mm(16 英寸)等规格。

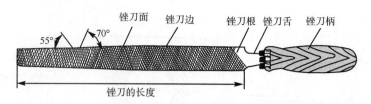

图 6-39 锉刀各部名称

按锉齿粗细分:粗、中、细、极细等。锉齿的粗细决定于锉纹的间隔和倾斜角,通常以主锉纹在每 10mm 轴向长度内的条数来区分,条数越多,锉纹越细。极细齿锉刀又叫油光锉。

按断面形状分:扁锉、方锉、圆锉、三角锉、半圆锉等。其断面形状和用途见表 6-3。

锉刀的断面形状　　　　表 6-3

锉刀种类	断面形状	一般用途
扁锉	长方形	锉削大、小平面、外圆面、凸弧面等
方锉	正方形	锉削平面、方孔等
圆锉	圆形	锉削圆孔、半径较小的凹弧面等
三角锉	三角形	锉削大于 60°的内角
半圆锉	半圆形	锉削大圆孔、半径较大的凹弧面等

普通锉刀的完整名称,是将锉刀长度、锉齿的粗细、断面形状三者结合起来称呼,如 300mm 粗平锉、200mm 中圆锉、100mm 细三角锉等。

②组锉。组锉(或称什锦锉)是用来加工精细工件,如样板、冲模等;或用在普通锉刀不能加工的地方。根据数量不同分为 5 支、7 支、10 支、12 支组锉等,其断面形状如图 6-40 所示。

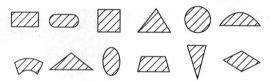

图 6-40 十二支组锉的断面形状

(3)锉刀的选用。正确选用锉刀,可以提高工作效率,保证加工质量,延长锉刀的使用寿命。

①锉刀的断面形状和长短是根据工件表面形状和工件大小来选用的。

②锉刀的粗细是综合考虑工件的材料软硬、加工余量大小、尺寸精度和光洁度等因素来选择的。如工件材料是软金属,加工余量大,尺寸精度要求低,光洁度粗糙的工件可选用粗齿锉。选用时参考表 6-4。

锉刀的选用　　　　表 6-4

锉刀齿形	材料性质	加工余量 (mm)	尺寸精度 (mm)
粗齿锉	软材料	0.5~1	0.2~0.5
中齿锉	一般金属	0.2~0.5	0.04~0.2
细齿锉	硬金属	0.05~0.2	0.01
极细齿锉	硬金属	0.02	0.01

(4) 使用锉刀时的注意事项。

①锉刀柄必须完整无裂缝,并应正确地安装,参见图 6-41 锉刀柄的安装方法。

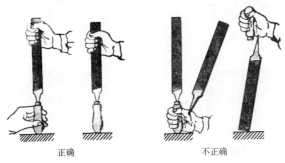

正确　　　　　　　　　不正确

图 6-41　锉刀柄的安装

②铸钢件的硬皮,须经錾削或砂轮打磨后才可以进行锉削,否则容易磨钝锉齿,使锉刀早期损坏。

③如齿间嵌有切屑时,应及时用钢丝刷除去,以免碰伤工件表面。

④将需用的锉刀整齐地安放在工作台上,不要相互堆叠,以免碰伤锉齿;锉刀柄更不可露在工作台的边缘外,以防落地摔断或伤脚。

(5) 锉削时工件的夹持。加工时,要求夹紧工件,不使工件产生松动和弹动,但又不要夹坏工件。为此,应注意以下几点。

①加工面力求水平,以利于加工。

②加工面离钳口不要太高、太远,尽量夹低和夹在钳口中央,以防弹动,如图 6-42e)所示。

③对加工过的表面,在夹持时应加软钳口(铜板制成的),以防夹坏。

④夹持空心工件时,中间应加支承物,以防工件损坏,如图 6-42a)所示。

⑤夹持圆形工件时,应用 V 形铁,以防夹不紧或夹坏工件,如图 6-42b)所示。

⑥加工大型薄铁板边沿时,须用铁夹板辅助,如图 6-42c)所示。

⑦不便夹持的薄小工件,可先钉在木块上,然后将木块夹在虎钳上,如图 6-42d)所示。

② 锉削的加工方法

(1) 锉刀的握法。根据锉刀长度和锉削时的要求不同而采用不同的握持方法,如图 6-43 所示。

①大型锉刀的握法。将锉刀柄抵在右手掌心,大拇指放在锉刀柄上面与锉面平行,其余四指握住锉刀柄,左手拇指根部压住锉刀前端,中指和无名指抵住锉刀前端面,如图 6-43a)所示。

②中型锉刀的握法,右手的握法与大型锉刀握法相同,左手拇指、食指和中指捏住锉刀前端,如图 6-43b)所示。

③小型锉刀的握法。右手握法除食指伸直外,其余与大型和中型锉刀的握法相同。左手的四指均压在锉刀的前端,如图 6-43c)所示。

④组锉的握法。因锉刀小,一只手就可以握住。即用右手的大拇指和中指捏住锉刀柄的两侧,食指伸直,其余围绕锉刀柄握住,如图 6-43d)所示。

(2) 锉削姿势和要领。锉削质量的好坏,不但取决于是否正确选择锉刀,而且与锉削姿势有着重要的关系。同时,正确的锉削姿势,能够减少疲劳、提高工作效率,对初学者来说,也是尽快掌握锉削技术的关键之一。

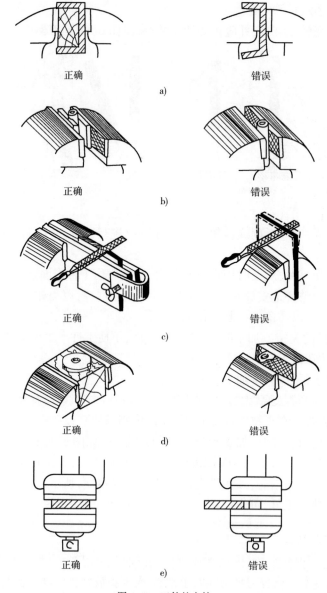

图 6-42 工件的夹持

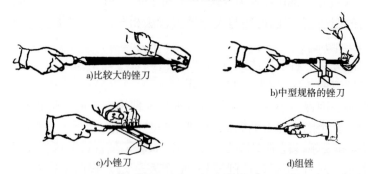

图 6-43 锉刀的握持法

①锉削姿势。操作者的两脚按图 6-44 所示位置站立,同时,右腿伸直,左腿稍弯,身体稍向前倾,重心落于左脚上。两手握锉刀放在工件上,左臂弯曲,右小臂与工件表面始终保持水平。

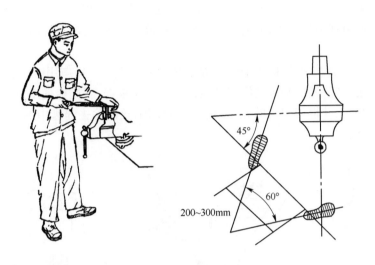

图 6-44 锉削的姿势

②锉削要领。锉削时,用两手平稳地将锉刀前推或后拉,以锉刀全长进行锉削。锉刀前推时双手压锉刀,但右手压力逐渐增加,左手压力逐渐减少,以保持锉刀的平衡运动。锉刀开始前推时,身体一同向前,当锉刀推进到 2/3 时,身体停止向前,两臂伸直将锉刀推到尽头。锉刀后退时,身体先恢复原位,然后两手不加力,轻轻将锉刀收回原位。如此反复直线运动,即可锉出比较平整的平面来,如图 6-45 所示。在锉削过程中,每锉 6~7 个来回,应稍抬高锉刀,观察锉削情况。

图 6-45 锉削要领示意图

锉削要领归纳为:左腿弓,右腿蹬,身体稍前倾,小臂保水平,回程不用力,再锉反复行。

3 常用的锉削技法

(1)顺向锉法。锉刀沿着工件表面横向或纵向移动的锉削方法被称为顺向锉法,如图

6-46a）所示。用这种方法锉削平面可得到正直的锉痕，比较整齐美观，适用于锉削小平面和最后修光工件。

（2）交叉锉法。锉削时不断改变锉削方向，这种锉法切削量大，能提高工作效率，而且容易锉平，如图 6-46b）所示。由于交叉锉削，可以清楚地从交叉的锉痕上看出锉削表面的高低部位，从而可以调节锉刀的压力，同时由于经常交换位置，使手臂和身体有调节的机会，可以减轻一些疲劳。

（3）推锉法。推锉法是用来顺直锉纹，增加表面光洁度。一般应用锉面平直的细齿锉刀锉削。锉削时，用力应一致，平稳地沿工件表面全程来回推锉，否则会使工件中部凹下，如图 6-46c）所示。为使工件得到较高的光洁度，应及时用钢丝刷除去锉齿中的铁屑或用砂布垫在锉刀下面进行锉磨。

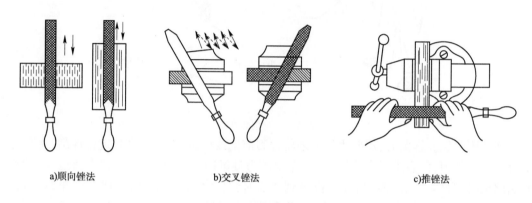

a) 顺向锉法　　　　　　b) 交叉锉法　　　　　　c) 推锉法

图 6-46　平面锉削方法

（4）弧面锉法。弧面锉法有顺向锉削和横向锉削两种。顺向锉削是锉刀顺着圆弧面进行锉削，多用于加工凸弧面。锉削开始时，采取适当站立位置，右手抬高，左手压低，锉刀头部贴靠工件，然后推动锉刀，在推进锉刀时，应使锉刀头逐渐由下向上作弧形运动，两手要协调，压力要均匀，速度要适当，如图 6-47a）所示。

横向锉削是锉刀（多半是圆锉刀）与圆弧方向垂直进行锉削，多用于锉凹弧。锉削时，锉刀作直线运动，并使锉刀沿半弧面均匀移动，如图 6-47b）所示。

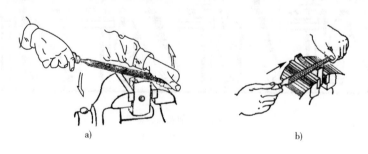

a)　　　　　　　　　　b)

图 6-47　横向锉

（5）方料变圆的锉法。首先将四方料锉成八方，然后再锉成十六方、三十二方……方越多，越接近圆形。方的边数多少，应根据工件大小而定。当快要锉到加工界线时，应采用顺向锉法，进行锉圆。如果工件很小，可用手虎钳夹住工件，左手平稳转动工件，右手握锉均匀推动,使锉向与工件转向相反,就可以锉出光滑的圆柱形,如图6-48所示。

(6)球面锉法。锉削时,采用顺向锉削和锉刀沿球面中心转动锉削交替进行,即做一会儿顺向锉削,再做一会儿滑球面中心的转动锉削,直至锉出球面,如图6-49所示。

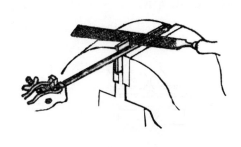 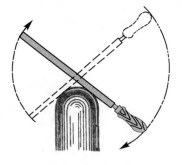

图6-48 圆柱体的锉法　　　　　　　图6-49 球面锉法

(7)直角形和多边形的锉法。加工前应根据要求的形状和尺寸进行材料计算。如加工一个已知边长的四方工料,计算出需要多大直径的钢料。此种计算既可合理使用材料,也不浪费工时。

加工四方工料铁的计算公式是:

$$1.4142 \times 长 = 圆料直径$$

例如:做20mm的方铁,需要多大直径的圆料? 依公式为:

$$1.4142 \times 20 = 28.28(mm)$$

加工六方铁的计算公式是:

$$1.1547 \times 对边厚度 = 圆料直径$$

例如:做对边厚度为30mm的六方铁,需多大直径的圆料? 依公式为:

$$1.1547 \times 30 = 34.641(mm)$$

(8)四方铁的加工方法。

①将圆料端面锉平,然后在端面按尺寸要求画线。

②划好的线先锉好一个边作为加工基准,然后再锉基准边的对边。

③其他两边:锉到接近尺寸界线时,注意用角尺检查与基准边的垂直度。

(9)六方铁的加工方法。先锉好一面作为基准面,根据画线加工其余各个面。加工时,均以基准面和邻近面为基准,用尺检查和测量对边厚度和垂直度。

(10)孔和槽的锉法。对各种成型的孔和槽加工时,为避免锉刀侧面损伤孔口,应选用比孔小的锉刀。加工的顺序是:先划出孔的位置线,钻出底孔(形状复杂时,要用小钻头钻出排列的小孔,再用錾子錾掉多余的金属),然后进行锉削,如图6-50所示。

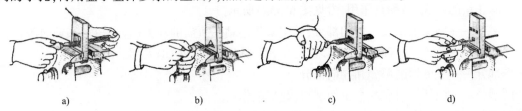

a)　　　　　　b)　　　　　　c)　　　　　　d)

图6-50 加工孔和槽的方法

4 锉削质量的检查

(1) 检查平直度的方法。

①用刀口尺以遮光法检查平面的平直度,如图6-51所示。

②在平台上用涂色法检查。

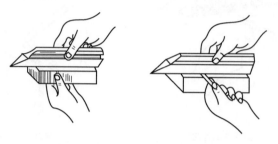

图6-51 用刀口尺测量平面度的方法

(2) 尺寸和平行度的检查。用卡钳、游标卡尺和千分表,在工件全长上检查工件的平行度和尺寸。

(3) 检查垂直度。用角尺以透光法检查工件的垂直度。

六 钻 孔

钻孔是用钻头在工件上钻出孔眼的操作,如图6-52所示。它应用的主要设备有钻床、夹具和钻头等,修理分队常用的设备是小型简便的台钻、手电钻等。

图6-52 钻孔

1 钻头

钻头的种类很多,最常使用的一种为麻花钻,它通常用高速钢等材料制成。这种钻头之所以叫"麻花钻",就因为它的外形像"麻花"。在它的工作部分开有两条螺旋槽,槽的作用是容纳和排除切屑。钻削时,切屑沿着槽面不断流出,冷却润滑液则沿着槽面流入。它的导向部分外缘有棱边,是狭窄的圆柱面(近似的),这样既减少了孔壁与钻头间的摩擦,还能起到引导钻头方向的作用。然而,对我们来说,需要仔细认识和分析的还是它的切削部分。

麻花钻的组成、名称及作用,参见图6-53a)所示。

尾部——钻头上供装卡用的部分,并用来传递钻孔所需的动力(包括扭矩和轴向压力)。

颈部——位于工作部分与尾部之间,是在磨钻尾时供砂轮退刀用。

工作部分——又分切削部分和导向部分。

切削部分——包括横刃和两个主切削刃,起切削作用。

导向部分——在钻孔时起引导钻头的作用,同时还是切削部分的后备部分。

② 标准麻花钻切削部分的组成

标准麻花钻的结构参见图 6-53b)。

①前面:即螺旋槽表面,这表面在钻头热处理前后大多经过抛光。

②主后面:位于工作部分的端部,其形状由刃磨方法决定,可以是螺旋面、锥面或平面,而用手工刃磨时,则是任意的曲面。

③副后面:即钻头的棱边(或刃带)。

④主切削刃:螺旋槽与主后面的交线。

⑤副切削刃:螺旋槽与副后面的交线。

⑥横刃:两主后面的交线。

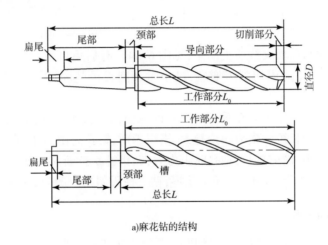

a) 麻花钻的结构

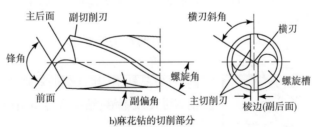

b) 麻花钻的切削部分

图 6-53 麻花钻的组成和切削部分

③ 麻花钻的主要角度

锋角是钻头两主切削刃的夹角,见图 6-53b)。它是钻头的一个静止的几何角度,锋角的大小和工件的材料有关,正确地选择锋角的大小,能使钻头易于钻入金属,减少机床动力消耗,并延长钻头使用寿命,常用的锋角如表 6-5 所示。

前角是前面的切线与切削平面的垂线所夹的角,见图 6-54。有前角可以使钻头切削刃锋利,切削金属顺利。前角的大小在主切削刃上的各点是不相同的,越靠近外径,前角越大。一般钻头的前角在外径上为 18°~33°。

麻花钻常用锋角　　表6-5

加工的材料	钻头锋角
钢及铸铁(中等硬度)	116°~118°
钢锻件及紫铜	125°
锰钢(1.5%碳、10%~15%锰)	136°~150°
黄铜和青铜	130°~140°
铝	140°
塑料制品	80°

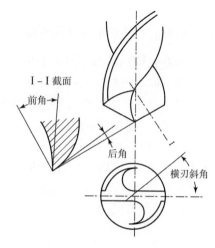

图6-54　麻花钻头的主要角度

后角是切削平面与后面夹线所夹的角,见图6-54。有后角可减少后面与加工表面之间的摩擦,过大的后角则易造成切削刃崩裂,过小时切削刃虽坚固,但摩擦阻力大不易钻孔。一般钻头后角为6°~12°。

横刃斜角是横刃与主切削刃在垂直于钻轴的端面内的投影所夹的角,见图6-54。横刃斜角的大小影响横刃的长短。横刃斜角越大,横刃越短,钻孔时阻力小,但钻头强度低,易磨损;反之,横刃斜角越小,横刃越长,钻孔时阻力大,钻头容易折断。另外,横刃斜角的大小与后角有关,当横刃斜角等于90°时,后角等于零,钻头横刃斜角一般为50°~55°。

④ 麻花钻头的刃磨

磨钻头的目的有两个:一是使钻头锋利;二是根据加工的需要,磨成所需要的角度,使钻头保持良好的切削性能。

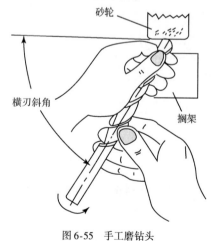

图6-55　手工磨钻头

(1)磨钻头的要求。

锋角大小:如果锋角过大,钻头的切削效率就不高,且容易钻歪,并且多消耗动力;如果锋角过小,切削刃强度就不够,钻头就容易用钝和折断。锋角大小可依表6-4选取。

切削刃的长度要相等并且成直线形,两个切削刃必须长短相等,并且它和钻头中心线组成的两个角度也要相等,否则钻出的孔不仅会大于钻头直径,而且钻头容易折断。

用砂轮机刃磨时,为了防止钻头过热而退火,应经常将钻头浸入水中冷却,并用目测或样板检查磨出的角度,如图6-55所示。磨好的钻头应该是:角度正确,两刃同长并对称,后面呈光滑的圆弧面。修磨后钻头角度的检查如图6-56所示。

(2)磨钻头的要领。

①钻头砂轮成角度(58°~59°),刃部平行砂轮轴;

②钻柄平稳手拿住,钻头与砂轮轻接触;
③一边向上转动钻头,一边向左下方压尾部;
④向左与砂轮面成45°,向下压角8°~15°;
⑤磨好一边再磨另一边,两刃同长、等角度;
⑥钻头经常要沾水,防止过热把火退。

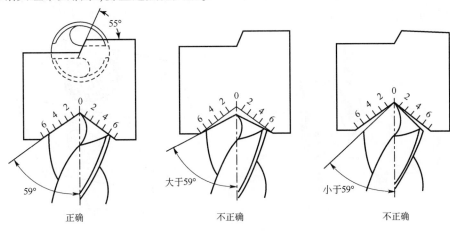

图6-56 修磨后钻头角度的检查

5 钻孔的操作方法

(1)确定钻孔位置,并用中心冲打好中心眼。

(2)选用锋利的符合尺寸要求的钻头,牢固地夹在钻卡头上。

(3)用台虎钳或专用夹具夹牢工件,放置平正,并与钻床工作台面垂直。

(4)开始钻孔时,慢慢将钻头引向工件,用手转动钻卡头,使钻头尖端对准中心眼。待对正后,起动钻床试钻浅眼(深度约为孔径的1/4左右),然后提起钻头,检查钻出的坑眼是否在画线的圆周中心。如果发现偏斜就得纠正,纠正方法是:在坑眼的纠正方向,錾出二条或三条浅槽,或将偏斜方向略加垫高。纠正后把工件放平正,然后再进行一次试钻,检查钻孔位置确实正确后,才可正式钻孔。

(5)根据工件材料不同,使用冷却剂,以免钻头发热变软烧坏,选用情况见表6-6。

钻孔用冷却剂　　　　　　表6-6

工件材料	冷却剂	工件材料	冷却剂
钢	乳状油水混合物	铝和铝合金	乳状油水混合物或肥皂水
灰铸铁	干钻	镁合金、塑料、硬橡胶	干钻
铜和铜合金	干钻或肥皂水		

6 钻孔举例

(1)钻通孔。先用中心冲打好中心眼,待试钻的浅窝居中后,就可继续往下钻。钻时进刀压力要适当,并时常提起钻头,排除铁屑,以免缠住钻头。钻头重新插入孔内时,必须对准,当孔快要钻通时,要减少对钻头的压力或不加压力,否则钻头容易被铁屑卡住折断,钻通后,退出钻头。

(2) 钻盲孔。钻盲孔与钻通孔的方法相同,但需利用钻床上的标尺来控制钻孔的深度。

(3) 钻半圆孔。钻半圆孔时,可用同样材料的物体夹在一起,并在两个工件的接合处定好中心,然后两体一起钻孔。分开即成半圆孔,如图 6-57 所示。

(4) 两个孔相交的钻法。两孔相交时,应先钻小孔,后钻大孔,但钻头通过小孔时要轻轻加压力。最好的方法是将已钻好的孔内,插入一根相同直径的棒料,然后钻另一孔,这样可保证钻头不折断,如图 6-58 所示。

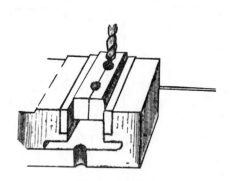
图 6-57 钻半圆孔

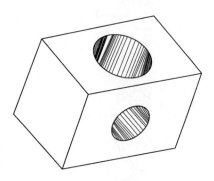
图 6-58 钻两孔相通

(5) 在斜面上钻孔。钻斜面上的孔时,有的工件可用钻模进行钻孔,如图 6-59a) 所示,有的可用錾子在斜面上錾出一个与钻头相垂直的小平面,如图 6-59b) 所示。还有的将工件垫起,使斜面与钻头垂直,然后进行试钻,在试钻过程中逐渐使斜面倾斜,待钻到主切削刃全部进入工件后即可将工件夹好,继续钻下去,如图 6-59c) 所示。为了避免钻孔困难和折断钻头,在加工步骤上应尽量考虑先钻孔后加工斜面。

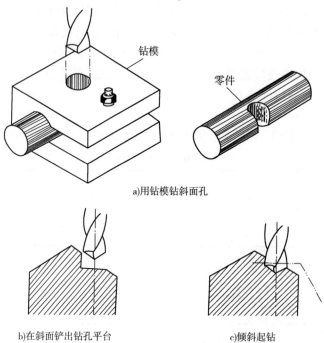

a) 用钻模钻斜面孔

b) 在斜面铲出钻孔平台

c) 倾斜起钻

图 6-59 在斜面上钻孔

七 螺纹加工

1 攻螺纹

用丝锥在孔内切削内螺纹的操作,叫作攻螺纹(又叫攻丝),如图 6-60 所示。丝锥是切削内螺纹用的一种刀具。它是由碳素工具钢或高速钢材料制成的。

(1)丝锥的结构。

丝锥的构造是由切削部分、定径部分和柄部构成的,如图 6-61 所示。

①切削部分是丝锥前部圆锥部分,有 3~4 个锋利的切削刃,前角为 5°~10°,后角 6°~8°,如图 6-61b)所示。切削部分还有 4°~20°的斜角,如图 6-61b)所示,丝锥的切削工作主要靠这部分进行。

图 6-60 攻螺纹

②定径部分这部分的前角等于零,其主要作用是确定螺纹孔径和修光螺纹槽也是丝锥备磨部分。

③柄部用于安装丝锥扳手。

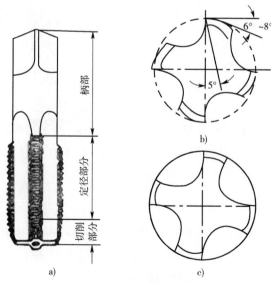

图 6-61 丝锥的组成部分

(2)丝锥的种类。

丝锥一般由头锥、二锥、三锥组成一套,如图 6-62 所示。

头锥、二锥定径部分公称尺寸和实际尺寸不同,只有三锥定径部分公称尺寸和实际尺寸相同,也就是说,头锥最小,二锥较大,三锥才是标准螺纹直径,因而这种丝锥必须依次使用。

这种丝锥的优点是:切削作用较均匀地分配给三只丝锥。因此,它适用于攻制直径较大的螺纹。

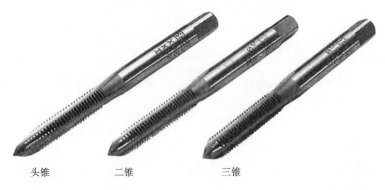

图 6-62　三枚一组的丝锥

(3) 丝锥扳手。

丝锥扳手如图 6-63 所示。在攻丝时,把它套在丝锥方头上带动丝锥转动。丝锥扳手口张开的大小可以调节,因此能用于多种直径的丝锥攻螺纹。

图 6-63　丝锥扳手

(4) 攻螺纹操作。

①攻螺纹前底孔直径和深度的确定:攻螺纹前首先要钻孔,这里叫钻底孔。钻底孔的钻头直径应比所要攻丝的螺纹内径稍大一些,否则容易使丝锥折断。但不要大的太多,否则,又会使攻出的螺纹深度不够,确定底孔直径大小,主要考虑材料的性质。

②在韧性材料上攻螺纹时,丝锥除切削外,还产生挤压。由于材料塑性好,因此,被挤压后,挤出的金属就进到丝锥的螺纹槽内,如果底孔直径过小,这部分金属就挤住丝锥,影响切削速度,而且容易扭断丝锥。如果底孔直径比螺纹内径稍大一些,挤出的金属既能填满螺纹槽形成完整的螺纹,而又不易挤住丝锥。底孔直径的确定,按下列经验公式计算:

当 $t > 1$ 时　　　　底孔直径 $= d - (1.04 \sim 1.06)t$

当 $t < 1$ 时　　　　底孔直径 $= d - t$

式中:d——螺纹外径;

t——螺距。

③在脆性材料上攻螺纹时,不会挤出金属或挤出很少。所以底孔直径虽应比螺纹内径稍大,但与韧性材料相比则要小些。否则攻出的螺纹形状不完整。计算公式为:

底孔直径 $= d - 1.1t$

式中:d——螺纹外径;

t——螺距。

④钻孔深度的计算。用丝锥加工盲孔的螺纹时,由于丝锥的切削部分不能攻出完整的螺纹。所以,钻孔深度至少要等于需要的螺纹孔深加上丝锥切削部分的长度。钻孔的深度可按图 6-64 确定。

即：
$$H = h + 0.7d$$

式中：H——钻孔的深度；
　　　h——螺纹孔的深度；
　　　d——螺纹的外径。

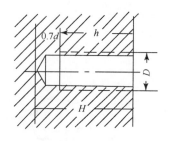

图6-64　钻孔深度计算示意

(5) 攻螺纹的操作步骤

攻螺纹步骤如图6-65所示。

① 钻孔：按螺纹直径求出底孔直径，选择钻头，钻出底孔。

② 倒角：在孔的端面上倒角，以便于丝锥起削。

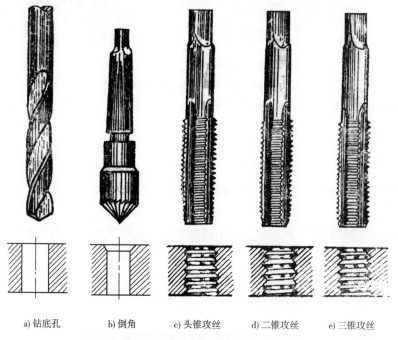

　a) 钻底孔　　　b) 倒角　　　c) 头锥攻丝　　　d) 二锥攻丝　　　e) 三锥攻丝

图6-65　攻螺纹步骤

③ 头锥攻丝：如图6-66a)所示，将丝锥攻入孔内1~2圈以后，取下丝锥扳手，用角尺检查丝锥有无歪斜，如图6-66b)所示。如有歪斜应退出丝锥重新攻入，待没有歪斜后，再继续平稳转动丝锥扳手。这时可不加压力，让其自动攻下去。为了避免铁屑过长而咬住丝锥，要经常地向反方向转动1/4圈左右，将铁屑割断，与此同时要不断加润滑液，以使螺纹光洁。攻不通孔时，可在丝锥上作深度标记，并经常取出丝锥，倒出铁屑，以免丝锥被铁屑阻塞而折断。

④ 二锥攻螺纹。用手把二锥旋入头锥攻过的孔内，待丝锥得到良好的靠导后，装上丝锥扳手，按图6-66所示的要领攻螺纹，如果在较硬的材料上攻螺纹时，应用头锥和二锥交替进行，以防丝锥折断。

⑤ 三锥攻螺纹。方法和要领同上，最后攻出准确、光洁的螺纹。

在攻螺纹时，为了提高螺纹的光洁度，延长刀具的寿命，因此在操作中应适当地加入冷却润滑液，可按表6-6选用。

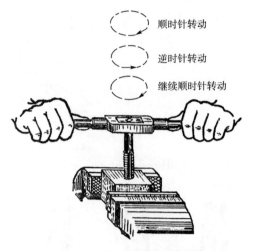
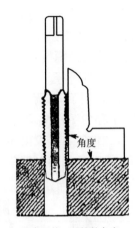

a) 手工攻螺纹的动作要领　　b) 用角尺校正丝锥的角度

图 6-66　手工攻螺纹的动作

攻螺纹要领归纳为：工件平稳夹，超前稍加压，丝锥垂直转，均力来攻下，反转断铁屑，润滑把油加。

② 套螺纹

用板牙在圆柱形的工件上切削出外螺纹的操作叫套螺纹（又叫套扣）。

(1) 套螺纹工具。

①板牙：套扣用的切削工具。它是由工具钢或高速钢经淬火和回火后磨制而成，板牙的组成可分为切削部分和定径部分。这两部分的作用与丝锥相应部分相同。

②板牙架：用以安装板牙，实施套螺纹作业（图6-67）。

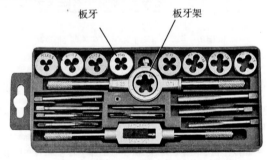

图 6-67　板牙及板牙架

(2) 套螺纹的操作方法。

套螺纹前圆杆直径的确定：用板牙套螺纹时，材料产生挤压，所以圆杆直径要稍小于螺纹外径0.2～0.4mm，其中硬材料要比软材料的圆杆直径大些。

圆杆直径可按经验公式计算或按表6-7查出。

$$圆杆直径 = d - 0.13t$$

式中：d——螺纹外径；

　　　t——螺距。

板牙套螺纹圆杆直径 表 6-7

螺纹直径 (mm)	螺距 (mm)	圆杆直径(mm)	
		软材料	硬材料
6	1.00	5.80	5.80
8	1.25	1.80	7.90
10	1.50	9.75	9.85
12	1.75	11.75	11.88
14	2.00	13.70	13.82
16	2.00	15.70	15.82
18	2.50	17.70	17.82
20	2.50	19.72	19.86

(3)套螺纹的操作步骤。

①按计算的尺寸,选择合适的圆杆,用V形铁将圆柱垂直的夹在台虎钳上。

②用锉刀将圆杆头部倒角15°~40°,以便起削。

③套螺纹。起削时,当板牙套上圆杆后,应垂直圆杆中心。右手握住板牙扳手中间,施加适当的压力,左手握住一端,进行旋转,待板牙的切削部分切入工件后,不再加压力,两手平稳地旋转板牙扳手,让其自动下切。但应不断反转板牙,每次反转约1/4圈,将铁屑切断,以减小板牙阻力。

在套螺纹时,也应按表6-6选取冷却润滑液。

钳工实操训练

1. M10六方螺母的制作;
2. 10mm钻头的修磨;
3. 25mm钢管的锯割;
4. 断头螺栓的取出;
5. 2mm钢板材的截断。

模块 7　汽车维修基础技能

尽管汽车制造技术水平飞速发展，大量的新车型层出不穷，但汽车维修作业中的基本技能内容是相近的，各种车型的维修工作仅在维修数据上有所差别，但其基本的操作技能是相同的。因此，如果初学者掌握这些通用的维修基础技能，就可以事半功倍地快速掌握汽车的维修技能，举一反三地学习掌握更多车型的维修技能，提高学习效率，实现事半功倍的学习成效。

学习目标

本模块介绍的汽车常用典型作业项目，为汽车修理所需的基础通用检测与维修技能。这些典型技能是汽车维修专业的技能基础，是构成汽车维修专业核心能力和关键能力的重要组成部分。本模块要求学习者熟练掌握本模块的操作技能、工艺要求并形成规范的操作行为习惯。

学习重点

1. 零部件的检测技能；
2. 典型零部件的维修技能；
3. 维修作业行为习惯的养成。

学习难点

1. 零部件的位置与安装方向；
2. 工艺过程的掌握；
3. 机具设备的合理使用。

一　汽车维修概述

汽车维修为汽车维护和修理的泛称，就是对出现故障的汽车通过技术手段排查，找出故障原因，并采取一定措施使其排除故障并恢复达到一定的性能和安全标准。维修作业的基本程序分为"确认问题、拆卸与分解、清洗与检查、装配与调整"四个步骤，如图7-1所示。

图 7-1　维修作业的四个基本步骤

① 确认问题

确认问题的目的：查明发生哪种故障以及哪个总成或零件技术状态不良、需要维修。
工作步骤分为：确认问题或症状→分析故障原因→决定是否要维修。

② 拆卸与分解

（1）拆卸规则。

零部件的拆卸很容易，但在拆卸中如果不注意操作工艺会造成零件的损伤，有时甚至导致零部件报废。因此，零部件拆卸的好坏直接关系着汽车维修的质量和作业时间的长短。

①拆卸零部件必须目的明确，不能盲目地拆卸，以免造成不必要的损失。

②汽车在拆卸前应进行外部的清洗，用以清除泥沙、油污，需要维修的总成还应放出燃油和润滑油。

③拆卸总成时，应按分解的顺序进行，先外后内，先附件后主件。对有过盈配合要求和不许互换的机件，在拆卸时应检查有无记号，如果没有记号，应重新做好记号。

④拆卸下来的零配件须按照安装顺序依次放在清洁的地方，工具也不要随便乱扔。在关闭发动机舱盖或其他总成盖时，应检查有无工具、抹布和拆下的零件等物品遗忘，待确认正常后，再关闭上述部位的舱盖。

⑤拆卸过盈配合的销、轴、衬套时，应使用压床或专用拉器进行拆装，不可直接敲击机件，以防损伤。

⑥当机件锈蚀不易拆卸时，可用螺栓松动剂或柴油浸润后，再进行拆卸。

⑦不要用带油污的手触摸电子元器件和橡胶零件。

（2）对电子元器件的防护。

①在拆卸维护发动机电子元器件时，须先将手触碰车体裸露的金属，以消除身体的静电。

②在插上或拔出传感器连线时，应在关闭点火开关或断开蓄电池搭铁线后进行，以免产生电脉冲或短路击穿电子元器件。

③不要在蓄电池未断电的汽车上进行电弧焊接。否则，车载控制单元的电脑会被损坏。

④对于智能化控制程度较高的汽车，不要轻易断开蓄电池的搭铁线。因为存储在电脑存储器中的程序，如电子里程表的计数器、ABS系统数据、音响防盗系统等，在蓄电池连线断

开时,就有可能被清除,汽车将无法起动。即使再重新连上也无济于事,只能依靠专业维修人员甚至生产厂家来解开密码保护,恢复汽车的使用。

(3)正确使用工具。

对汽车零配件的拆装能力反映了维修人员汽车维护技术的高低。零配件的拆装是否合理得当,正确使用工具则为关键。例如:拆卸扭矩较大的螺栓,用活动扳手容易松脱,而且容易损坏螺栓的棱边,使用套筒扳手则既方便又安全。

(4)拆下零部件的摆放。

使用中的车辆,其摩擦副的零部件处于磨合状态,因此,在分解的时候,要根据每个零件安装位置或区域进行摆放,以便组装,特别是发动机、自动变速器等重要总成。即使是相同的零件,其碰撞和磨损也不一样,要摆放好,不要搞混(图7-2)。

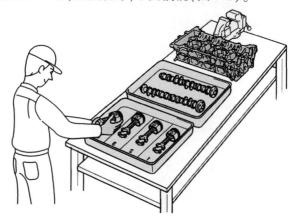

图7-2 依序将零件摆放是维修工作的规范要求

3 清洗与检查

清洁工作是提高汽车维护质量、防止机件腐蚀、减轻零部件磨损和降低燃油消耗的基础,其工作内容主要包括对汽车外表的维护和对各总成、零部件内外部的清洁。洁净状态下分解零件将有助于提高零部件测量的精确度,容易发现故障,并可在安装时防止异物进入。

(1)零部件的清洗。

①金属零件的清洗。拆下的零件,应进行彻底清洗,整齐放好,以便检查和装配。有油污的零件可用煤油、汽油或柴油做清洗剂,但需注意防火;也可以使用金属清洗剂,如加热后使用,清洗的效果更好。

②非金属零件的清洗。对离合器摩擦片和制动摩擦片,不能使用煤油、柴油或金属清洗剂进行清洗,只能用布沾汽油擦洗或用专用清洗剂清洗。对橡胶零件,只能使用酒精或制动液清洗,不能用煤油、柴油或金属清洗剂清洗,以防其沾油膨胀变形。

③电子元器件的清洗。电子元器件不能用煤油、柴油或金属清洗剂清洗,电子元器件部分可用化油器清洗剂或酒精擦拭,其外壳和回转的金属部分可以正常清洗。

(2)零部件的检测。

用合适的方法测量或检测零部件,比如用眼检查或用仪器测量,如图7-3所示。

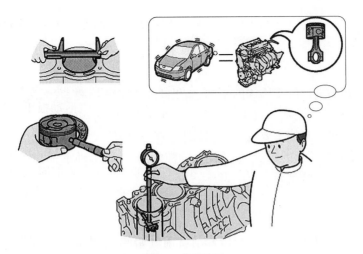

图 7-3　认真检测

4 装配与调整

（1）采用规范的正确程序组装（图 7-4）。

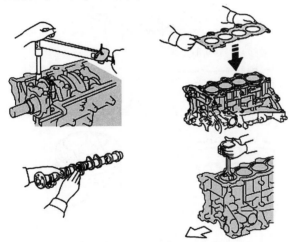

图 7-4　装配与调整

①清除积炭或油泥等沉积物，帮助零件恢复其原始性能。
②一定要遵循力矩的标准值。
③一定要更换不能再次使用的零件，比如密封件和垫片。
④组装前，在滑动位置添加修理手册规定的机油和润滑油。
⑤在相同的位置与方向，照原样组装。
（2）调整与检查操作。
无论何时组装零件，要遵守维护标准来进行调整和运行。
（3）作业后的检查。
当作业完成后，要重新检查原始故障，以确定故障是否被发现。另外，检查是否有装配错误，各个总成是否都正常运转。

二 零部件的检测

零部件的检测是进行汽车维修的基础,如果缺乏准确的检测,就无法进行有效维修。因此,对零部件的检测技能是从事汽车维修人员必须掌握的基本功。

零部件的测量和检测的主要内容有:外观检查、零部件尺寸的测量、零部件配合间隙的测量、轴类零件径向跳动量的测量、齿轮配合间隙的测量、锥形轴承预紧力的测量、零部件裂纹的检测和电子设备的检测等。

1 目视检查

目视检查零部件的状态是从汽车维修清洗前开始的,主要察看零部件是否有异常或者损坏(图 7-5)。如果在目视检查中发现了异常情况,必须检查相关的零件是否异常,必要时可更换零件。目测检查包括下述内容。

图 7-5　目视检测零部件的状态

① 要根据零部件上污物沉积程度或位置推测有问题的相关机构。
② 检查零部件是否有明显的形状改变、裂纹或者损坏。
③ 检查是否有显著的磨损现象。
④ 检查零部件的金属配合区域是否有由于过热造成的颜色改变。

2 零部件的测量

如果车辆上安装的零部件不符合技术规范的标准值尺寸,有可能会发生异常噪声和过度磨损。零部件测量的内容有:测量曲线度、测量长度和厚度、测量内径和外径等。测量时要根据测量位置选择适当的量具,如图 7-6 所示。

一般要在平台上进行测量。平台(或称平板)是一块由金属材料做成的较厚的平板,主要与百分表一起使用。平台表面平整,因此也常用作钳工作业中的测量基准,如图 7-7 所示。

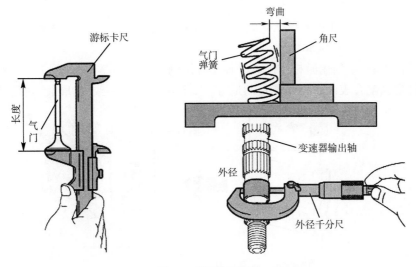

图 7-6　零部件的检测

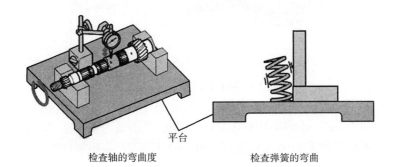

图 7-7　使用平板进行零件的检查

(1) 测量气门弹簧的弯曲程度。

测量气门弹簧弯曲时,实际上是测量气门弹簧零件的斜度(图 7-8),有如下检查步骤。

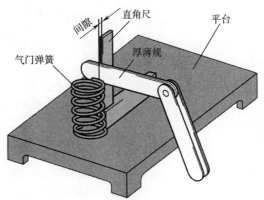

图 7-8　检查气门弹簧的弯曲程度

①把弹簧放到平台上。
②将直角尺抵住弹簧。
③转动弹簧检查产生的最大间隙处,放入相应厚度的厚度规。

提示：如果超过技术规范规定值的厚度规能放入其间,则必须更换气门弹簧。

(2) 测量零部件的长度和厚度。

测量零部件时,常使用游标卡尺或外径千分尺测量长度和厚度,如图 7-9 所示。测量位置选在零件滑动配合表面磨损最严重的地方。如果测量值不一致,就取最小值进行比较。

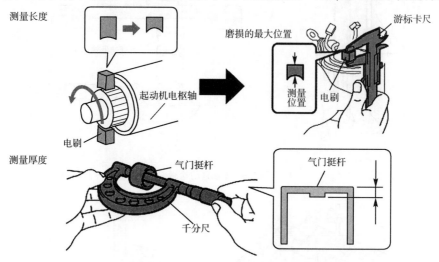

图 7-9 测量零部件的长度或厚度

(3) 测量零件的内、外直径。

在车辆的使用中,零件的磨损是不均匀的。因此,在测量时要检查其磨损程度。回转类零件的磨损程度可由圆柱度和圆度来表述。由于这个原因,某些零件要求有特定的测量位置,如图 7-10 所示。

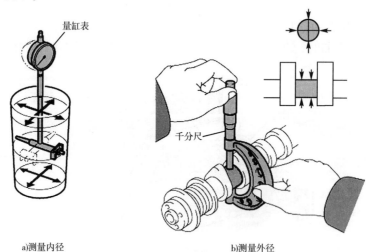

a) 测量内径　　　　　　b) 测量外径

图 7-10 测量零件的内、外直径

① 测量零件的内径。通常使用游标卡尺、量缸表或者内径卡规来测量零件的内径。如认为零件磨损不均匀,需在几个位置测量并读出最大值。

② 测量零件的外径。使用游标卡尺或者外径千分尺测量零件的外径。如果零件磨损不

均匀,在几个位置测量并取出最小值。

③测量零件的圆柱度。通过测量,检查零件是否存在圆柱度方面的磨损。在零件上下侧的几个位置测量内径,见图7-11a)。

④测量零件的圆度。通过测量,检查零件是否有椭圆形磨损。在沿对角线方向的几个位置测量内径,见图7-11b)。

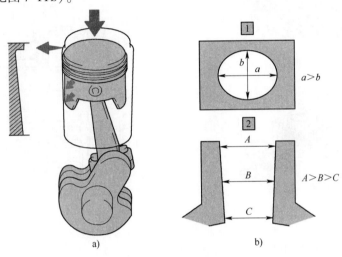

图7-11 测量圆柱度和圆度值

3 零部件配合间隙的检查

零部件的配合间隙是指零部件之间适度的空间。润滑油通过这些间隙进行润滑,而且保持合适的配合间隙还能防止卡死和噪声,如图7-12所示。调节间隙至规定值或换用新零部件是汽车维修中最为重要的维修作业内容。根据配合间隙的方向性有径向和轴向两种间隙(图7-13)。

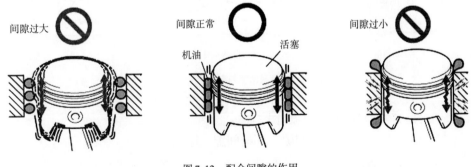

图7-12 配合间隙的作用

测量间隙的方法有计算测量、塑料间隙规测量、百分表测量、厚度规测量等,具体量具的用法依零部件测量部位而定。

提示:如果配合间隙比正常值大,将会导致不正常的噪声和振动。如果配合间隙比正常值稍小将导致卡住或损坏零件。正常情况下,配合间隙将随着车辆使用期限的延长而变大,因为使用时零部件会逐渐磨损。因此,如果间隙测量值低于正常值,就要怀疑测量有错误。

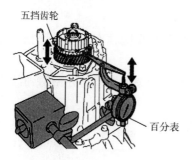

图7-13 变速器零件的径向与轴向径向的测量

(1)计算法测量配合间隙。

在不能直接测量配合间隙的部位,常使用两个零件的测量尺寸来计算间隙。

①测量外径和内径的配合间隙。在圆柱形零部件中,通常还要进行圆柱度和圆度的测量(图7-14)。

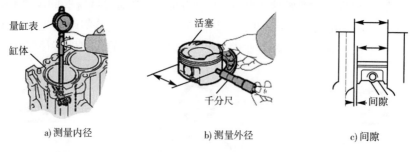

图7-14 测量活塞与汽缸的配合间隙

$$间隙 = 内径 - 外径$$

②测量零件的厚度和环槽的间隙(图7-15)。

$$间隙 = 环槽间隙 - 厚度$$

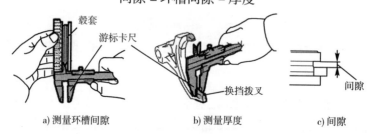

图7-15 测量活塞环与活塞环槽的配合间隙

（2）用塑料间隙规测量配合间隙。

塑料间隙规的使用简单易行，在汽车维修中常常被用于滑动轴承间隙的检测。测量时，根据塑料间隙规的受压宽度来确定曲轴轴承和连杆轴承的配合间隙。

塑料间隙规的检测原理为：如果轴瓦的配合间隙较小，塑料间隙规受压程度大，那么塑料间隙规的宽度就增加；如果轴瓦的配合间隙较大，塑料间隙规受压程度小，那么塑料间隙规的宽度就减少。下面以连杆轴颈为例，用塑料间隙规测量配合间隙的步骤如下，如图7-16所示。

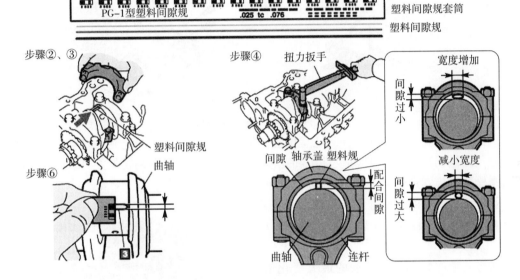

图7-16 用塑料间隙规测量连杆轴颈的配合间隙

①清除检查受轴颈和轴承端盖的所有油污和灰尘。
②截取一段塑料间隙规，使其适合轴承端盖的宽度。
③把塑料间隙规放置到与轴颈平行的位置。
④旋紧轴承盖锁止螺母到规定的力矩。

注意：当旋紧轴承端盖时，曲轴与连杆均不能旋转轴。如果上述零件发生轴旋转，则不能完成正确的测量。

⑤拆下轴承端盖，取下被压扁的塑料间隙规。
⑥用压扁的塑料间隙规对照其包装上打印的刻度值上，读出压扁塑料间隙规对应的间隙值（近似值）。

提示：为实现准确检测，可在圆周方向做多点检测，如果塑料间隙规被压的宽度不一致，在最宽位置进行计量。

（3）用百分表测量轴类部件的配合间隙。

如图7-17所示，将百分表安装到位，推动受检零件沿径向或轴向移动，根据其移动量来测量间隙。

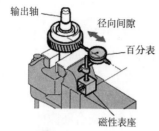
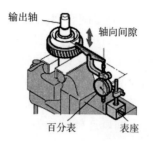
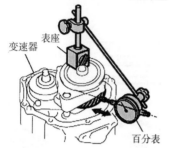
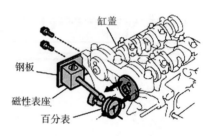

图 7-17　用百分表测量配合间隙

①将百分表安装到被测零件的适宜位置。把百分表的磁力座固定到与被测零件相连的零件上。测量铝制零件时，比如发动机和变速器，把磁力座固定在翻转架上，以便磁铁定位；或用螺栓把钢板固定到零件上，然后和磁力座连接，放置百分表。

②使百分表上的测量杆的测量端和被测零件成直角位置，并预压百分表 2mm 以上的压缩量程。

③移动零件并查看百分表的最大变化值，该值即为配合间隙的测量值。

（4）用厚薄规测量配合间隙。

把厚薄规插入到活塞环与活塞环槽的间隙中（图 7-18），测量最大的插入的厚度。当插入厚薄规遇到轻微的阻力而无较重摩擦时，读出厚薄规的读数即为配合间隙。

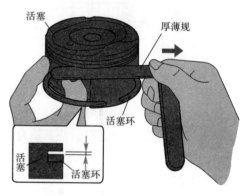

图 7-18　用厚薄规测量配合间隙

❹ 轴类零件径向跳动量的检查

如果轴类零件有径向跳动现象，轴就会在转动中产生颠簸敲击现象，而不能平稳地转动和滑动。

（1）检查操作步骤。

①在平板上放两个 V 形块，用来支承被检查零件的两个轴颈（图 7-19）。

②将百分表的悬挂头垂直放在中央轴颈上，转动轴的同时测量该轴的径向振荡程度。

（2）测量时的注意事项。

①缓慢转动轴以便精确地读出测量值。

②测量时要避开轴上的油孔，以免测量值不准确。

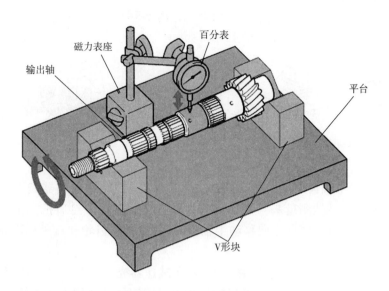

图 7-19　检查轴类零件的径向跳动

5 零部件翘曲的检测

如果零件的安装端面间存在翘曲情况,该翘曲将导致液体泄漏或者气体泄漏。下面以缸体上端面介绍检查方法。

①使用一个钢质直规和厚薄规沿竖直、水平和对角线方向检查汽缸体的六个位置,如图 7-20 所示。

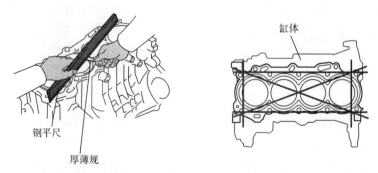

图 7-20　检查缸体接合面的翘曲

②以厚薄规(技术规范中极限值读数的厚度)能否放入缸体与直规之间的间隙,来检查其是否有翘曲。如果有任一处的翘曲超过极限值,则须更换或修磨缸体上端面。

6 齿轮配合间隙的检测

齿轮配合间隙指的是齿轮齿在齿轮转动方向的自由行程。保持适当齿轮配合间隙,可使齿轮能够圆滑转动,同时还能防止齿轮卡住或者产生噪声,如图 7-21 所示。

(1)测量齿轮配合间隙。

测量齿轮配合间隙时,将测量齿轮副的一侧齿轮固定,然后测量另一侧齿轮的移动量。为保证测量的准确,至少须在齿轮圆周三个以上的位置测量齿轮配合间隙。

a) 间隙正常　　　　　　b) 间隙过大　　　　　　c) 间隙过小

图 7-21　齿轮配合间隙

①测量差速器半轴齿轮副的配合间隙：如图 7-22 所示，在差速器壳上安装一个百分表，然后使百分表的悬挂测量头与半轴齿轮齿成直角相接触。然后把一个行星小齿轮用力按在差速器壳上，沿其圆周方向移动半轴齿轮，测量半轴齿轮和行星小齿轮的齿轮配合间隙。

②检查减速器齿轮副配合间隙（图 7-23）：在减速器壳上安装百分表座，然后将百分表的测量头成直角固定在减速器的盆形齿轮的齿上。固定住减速器主动齿轮，然后左右转动盆形齿轮，测量盆形齿轮和主动齿轮的齿轮配合间隙。

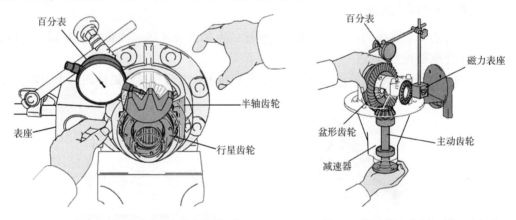

图 7-22　测量差速器半轴齿轮副配合间隙　　　图 7-23　检查减速器齿轮副的配合间隙

（2）调整齿轮配合间隙。

调整齿轮配合间隙的方法有两种：使用垫片调整和使用调整螺母调整。

①使用垫片调整。例如，差速器半轴齿轮间隙的调整。通过改变半轴齿轮背后的垫片厚度，可使半轴齿轮轴向移动，从而改变齿轮配合间隙，方法为（图 7-24）：使用百分表测量差速器半轴齿轮的齿轮间隙，然后在分解差速器后调整齿轮配合间隙。根据测量的间隙值，改变垫片的厚度。重新装配差速器箱。再次测量齿轮配合间隙，并反复改变垫片的厚度来调整齿轮配合间隙，直到测量值处于规定的范围之内。

提示：增加垫片的厚度时，齿轮配合间隙将减少；而减少垫片的厚度时，齿轮配合间隙将增加。

②使用调整螺母调整。例如，减速器齿轮副齿轮间隙的调整。如图 7-25 所示，旋转左、右调整螺母调整齿轮配合间隙时，可轴向移动齿圈，从而移动差速器壳。

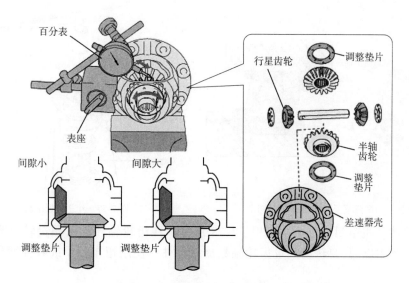

图 7-24　调整差速器半轴齿轮间隙

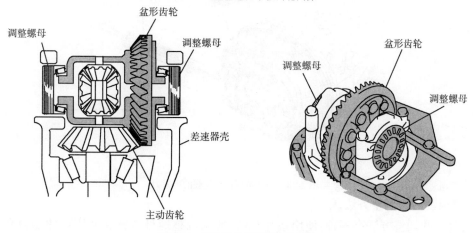

图 7-25　减速器齿轮副间隙的调整

提示： 调整该齿轮副间隙前，必须将差速器轴承的预紧力调整到规定的范围。调整时要相同地转动左、右调整螺母，即在该调整过程中，如果松开一侧多少，则旋紧另一侧多少。

7 轴承预紧力的检查与调整

施加预紧力的目的是：当施加到轴上的力的大小或方向改变时，防止对轴承的支承产生冲击负荷。通常在施加预紧力的位置上使用圆锥滚子轴承，这样就可通过推动轴承的外圈向圆锥滚子轴承施加一定的负荷，如图 7-26 所示。

（1）预紧力的测量方法。

预紧力的测量方法有两种：测量起动力矩和测量转动力矩。

①使用起动力矩测量，如图 7-27 所示。在齿轮轴开始转动时测量力矩（齿轮轴的起动力矩要大于其转动力矩）。

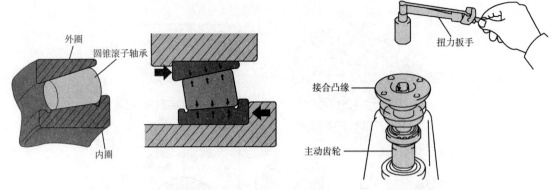

图7-26 对圆锥滚子轴承预紧力的作用　　图7-27 用扭力扳手测量预紧力

②使用转动扭矩测量预紧力,如图7-28所示。在齿轮轴转动时测量转动零件的拉力值。测量预紧力以前,要转动测量齿轮轴数周后停住。使用扭矩扳手或者弹簧秤测量扭矩或拉力值。

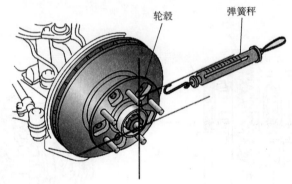

图7-28 用弹簧秤检查轮毂的预紧力

(2)预紧力的调整方法。

预紧力的调整方法有三种:使用垫片调整、使用调整螺母调整和使用可伸缩衬套调整,如图7-29所示。

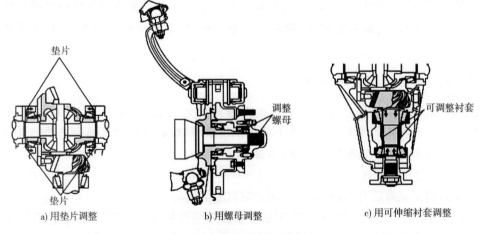

a) 用垫片调整　　b) 用螺母调整　　c) 用可伸缩衬套调整

图7-29 预紧力调整的三种方式

①使用垫片调整。例如,前置发动机前驱车型的差速器轴承预紧力的调整,如图 7-30 所示。通过调整差速器两侧的轴承的垫片厚度,来调整轴承上的预紧负荷。

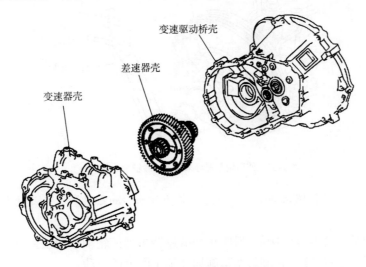

图 7-30　使用垫片调整差速器轴承预紧力

按顺序装配差速器;分别顺时针和逆时针方向转动差速器后停下;测量差速器轴承的预紧力;如果预紧力未在规定的范围内,则通过改变垫片的厚度对其进行调整,直到预紧力处于规定的范围内;预紧力调整时,可通过更换一个侧轴承的背面上的垫片调整预紧力,如果插入一个较厚的垫片,预紧力将增加,相反,如果插入一个较薄的垫片,预紧力将减少。

②使用调整螺母调整。例如,后驱车型的差速器侧轴承预紧力的调整,如图 7-31 所示。通过转动调整螺母改变施加在轴承上的负荷。

例如差速器轴承预紧度的调整步骤为:在齿圈背面上的调整螺母上垂直放一个百分表;上紧齿圈齿面侧上的调整螺母直到百分表上的指针开始移动(零预紧力状态);从零预紧力状态开始,旋紧主动齿轮侧的调整螺母 1~1.5 个槽口,并且增加侧轴承预紧力;测量差速器轴承的预紧力(参照修理手册);转动调整螺母调整预紧力,以便使测量值与规定值相同。

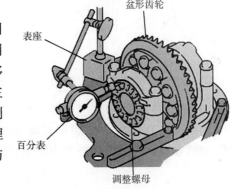

图 7-31　用螺母调整预紧力

提示:如果调整螺母旋紧程度高,预紧力增加;如果调整螺母旋紧程度低,预紧力减少。在这种类型预紧力调整中,仅测量施加在侧轴承上的预紧力不够的,还要测量施加在主动齿轮和侧轴承上的总预紧力。

再如,使用调整螺母来调整轮毂轴承的预紧力,如图 7-32 所示。这种类型的轮毂使用滚锥轴承,通过旋紧调整螺母来调整轴承预紧力。

调整步骤为:将调整螺母旋紧到规定的力矩;转动前轮毂数次,以便轴承就位;松开调整螺母,直到能够用手转动轮毂;在旋紧调整螺母的同时调整预紧力。

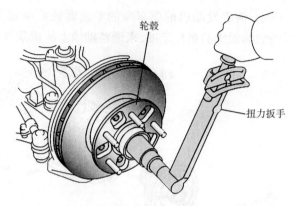

图7-32 使用调整螺母来调整轮毂轴承的预紧力

提示：如果调整螺母旋紧程度高，预紧力增加；如果调整螺母旋紧程度低，则预紧力减少。

③使用可伸缩衬套调整。例如，后驱车型减速器主动齿轮轴承的预紧力调整，如图7-33所示。通过旋紧螺母和使隔圈变形，调整施加在轴承圈上的负荷。

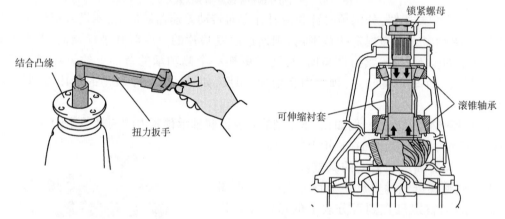

图7-33 减速器主动齿轮轴承的预紧力调整

调整步骤为：旋紧配减速器主动齿轮轴的螺母到规定扭矩（参考维修手册）；测量预紧力；如果预紧力不足，则重新旋紧螺母并测量预紧力，然后反复调整，直到预紧力达到规定值；当螺母旋紧力矩超过最大力矩时，如果预紧力不足，更换可伸缩衬套，并且再次调整预紧力。

⑧ 裂纹与损伤的检查

在维修作业中，常用染色渗透剂检查汽缸体和缸盖等上面是否有裂纹和损伤。染色渗透剂检查能够检测到靠目测很难检查到的小裂纹。

使用染色渗透剂检查，是利用液体的毛细现象来检测表面裂纹。在这种检查中，要用到三种液体：渗透剂（红色）、洗涤液（蓝色）和显影剂（白色）。检查过程为（图7-34）：清洁需要检查的区域；向检查区域喷洒红色渗透剂，并使之干燥；使用洗涤液清洗黏附在表面的蓝色渗透剂；喷洒白色显影剂；表面裂纹处呈现红色。

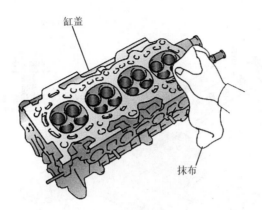

图 7-34　使用染色渗透剂检查

三、典型零部件的拆装

拆装是汽车维修作业最为重要的技能之一。所有车型通用的拆装内容有：螺栓、卡环、皮带盘、凸轮轴、过盈配合零件、零部件的安装位置与方向、油封、密封胶、软管与管箍、蓄电池、线缆连接器、内饰板卡扣与卡爪、安全气囊、电烙铁焊接和涂布黏结剂等（图 7-35）。

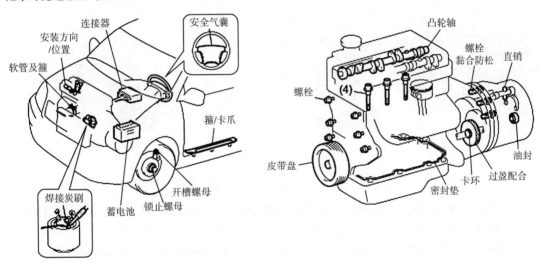

图 7-35　存在于所有汽车维修作业中的拆装项目

1 螺栓的拆装

螺栓是汽车所有配件的连接基础件。虽然螺栓的拆卸方法很简单，但在汽车维修作业中，有时拆卸难度极大。这里学习的是按照技术规范的顺序松动或紧固螺栓，以防止设有多个螺栓的零件变形。

安装多个螺栓时（图 7-36），须遵照以下各操作要求。这能防止零件损坏和事故发生（受伤），也能帮助技师顺利地完成维修工作。与螺栓相关的基础技能包括：螺栓松动和紧固顺序、防止零部件坠落的措施、螺栓拆装的操作方法、安装螺栓的预防措施等。

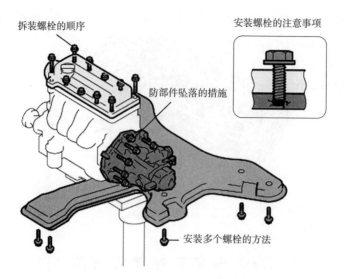

图7-36 使用多个螺栓安装的部位

(1) 松动和紧固顺序。

螺栓拆装操作时须遵循技术规范规定的顺序,每次要均匀、少许地使用套筒扳手松动和紧固螺栓,以防止其变弯,如图7-37所示。图中数字为螺栓紧固和拆卸顺序。

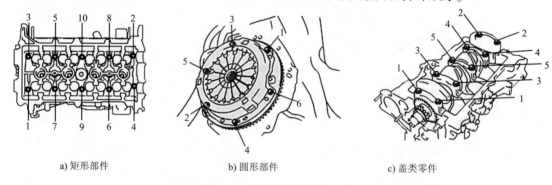

a) 矩形部件　　　　b) 圆形部件　　　　c) 盖类零件

图7-37 多螺栓部位的拆卸顺序

①矩形零件(缸盖)。拆卸时,从外侧向内侧松动螺栓;安装时,从内侧向外侧紧固螺栓。

②圆柱形零件(离合器盖)。以对角线方向每次少许松动和紧固螺栓。

③轴承盖。拆卸时,从外侧向内侧松动螺栓;安装时,从内侧向外侧紧固螺栓。

图7-38 操作不当可能出现的意外

④操作不当的影响:安装时,只在一侧松动螺栓将导致被固定零件的变形,并可能导致螺栓弯曲。拆下以上零件,有些零件要按特殊的顺序紧固和松动,否则,会导致零部件变形、密封不严或损坏。操作时须查阅有关车型的维修手册(图7-38)。

(2) 防止被安装零件坠落的措施。

在安装发动机和传动桥等较重零件时,会用多只大扭力螺栓进行连接紧固。拆卸和安装这些零件时,要防止这些质量较大的总成零件掉落,以防伤人和损坏零部件。

例如:在拆卸变速器时,不要一次拆掉所有的螺栓。而是一旦松开螺栓后,其安装面圆周上端的螺栓不要卸掉,要将零件上方的螺栓暂时多旋进数扣螺纹。这样能在拆下最后的螺栓时,保证变速器能安全地被拆下或移动,如图7-39所示。

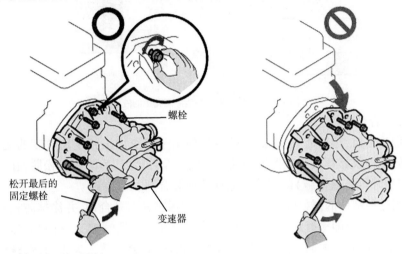

图7-39 拆卸变速器时的防坠措施

(3)螺栓的安装方法(图7-40)。

①如果螺栓承受很重的零件,在重力的作用下,螺栓就很难顺利地拆卸。如果支承起该零件,可消除作用于螺栓上的重力,这样没有承受零件重力的螺栓则很容易拆下。

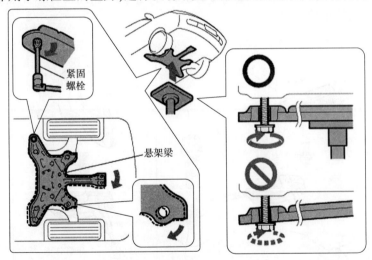

图7-40 承重螺栓和多螺栓的拆装

②安装多只螺栓时,例如在安装前悬架梁时,如果只在一侧装上螺栓并扭紧,其他螺栓就很难对正螺栓孔。为防止这类事情的发生,应先整体对正并将所有螺栓扭入螺孔后,再均匀、对称交替紧固。

③紧固螺栓时,必须用压缩空气吹去螺栓盲孔内的液体,比如水或油。如果螺栓在有液体的状况下紧固,盲孔内无法排除的液体会产生高压破坏零件,如图7-41所示。

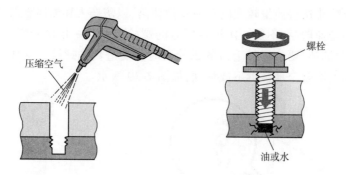

图 7-41　安装螺栓时须清除螺孔中的液体

(4) 螺栓黏合剂的用法。

虽然从理论上讲,螺纹能够实现自锁防松,但由于螺纹加工精度离散度的变化,部分加工精度不足的螺栓仅靠螺纹很难保证螺纹自锁的安全。因此,为防螺栓松脱,在一些重要部位(不能采用垫片等防松措施)的螺栓要涂抹防松黏合剂。

再次使用这种部位的螺栓时,要除净螺栓上的污物和旧黏合剂,并涂抹防松黏合剂。另外,部分螺栓在出厂时即涂有锁紧黏合剂(这种螺栓称为预覆螺栓)。拆卸涂抹锁紧黏合剂的螺栓时,开始会需要较大的力矩,但是一旦螺栓松动,黏合剂就会失去功效,螺栓就很容易被拆卸下来。

部分安装部位须给一些螺栓涂抹防松黏合剂。具体操作过程有如下方面。

① 洁净螺栓。如图 7-42 所示,用钢丝刷洁净螺栓,然后用压缩空气吹去螺杆上的旧黏合剂残渣。用洁净油除去黏附在螺孔内的锁止黏合剂。如同清洁螺栓一样,最后用压缩空气吹去螺孔内的旧锁止黏合剂。

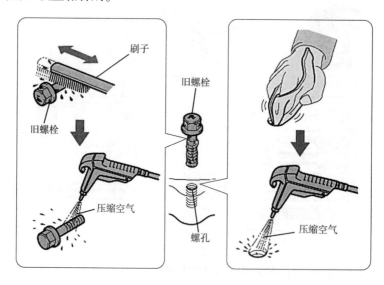

图 7-42　清除螺杆和螺孔的黏合剂残渣

注意:装配时,不清除螺杆和螺孔的旧黏合剂,而紧固螺栓将会损坏螺栓和零件。如果在重新装配前,除净旧黏合剂将会提高黏合防松的效果。

②重新涂抹锁紧黏合剂。螺栓洁净后,应在装配前给整个螺纹表面涂一层黏合剂(图7-43)。使用黏合剂时要注意黏合剂的类型,例如部分类型的锁紧黏合剂使用后立即硬化。使用这种黏合剂时,应在涂抹后及时紧固该螺栓。

注意:由于使用黏合剂后螺栓需要即时紧固,要事先准备好要安装的零件。

(5)螺母的紧固与锁止。

回转类零件多用锁止螺母或锁止垫片进行锁止和定位(图7-44)。螺母锁止固定时,用锁止垫片将螺母的一部分翻边或者将锁止垫片折起来固定螺栓,防止螺栓松开。

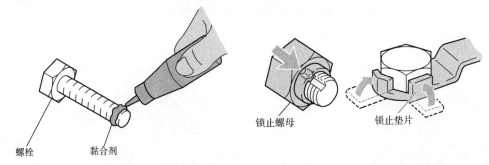

图7-43　涂抹防松黏合剂　　　　　　图7-44　锁止螺母与锁止垫片

①对螺母的锁止。用扳手将锁紧螺母旋紧至规定的力矩,用扁铲冲头沿着螺母的槽凿击锁止螺母的翻边,使其与轴上的凹槽相嵌合,实现螺母的锁止,如图7-45所示。

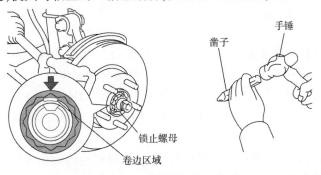

图7-45　轴头螺母的锁止

②拆开锁止。沿着驱动轴的槽将扁铲伸入敲打锁片与轴上凹槽相嵌的最深点。将锁片的凹陷撬起来松动锁止,如图7-46所示。

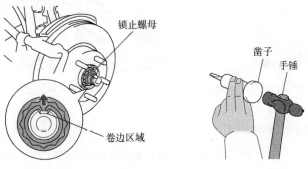

图7-46　拆开锁止

注意：将扁铲过度地伸入螺母的翻边处,将会损坏螺栓的螺纹。拆卸时,当锁止螺母锁片松动的程度不够也会损坏螺钉。为保证使用安全,该部位的锁止螺母多为一次性使用零件,每次装配时必须保证使用新的锁止螺母。

③使用锁止垫片。在轮毂轴、差速器壳等处多对螺母采用锁止垫片方式的防松措施。

锁止螺栓时,将螺栓按规定力矩旋紧,然后用扁铲将锁止垫片稍稍撬起,将扁铲放在锁止垫片上,用手锤击打垫片来固定螺栓,如图7-47所示。

松开锁止垫片时,使用扁铲和手锤,将扁铲放在锁止垫片的锁止处,用手锤轻击,直至锁止垫片完全脱开,如图7-48所示。

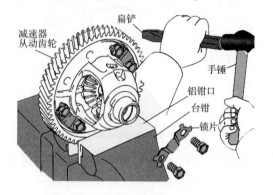
图7-47 将锁止垫片翻边锁止

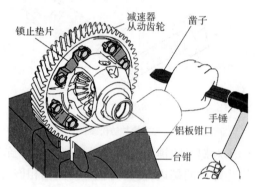
图7-48 用扁铲凿开锁片

注意：当用锁止垫片撬起锁止时,要向松开的一侧击打螺栓锁片。每次装配时要使用新的锁止垫片。在锁止垫片完全松开前,拆卸螺母会损坏螺栓和其他零件。

④使用开槽螺母与开口销锁止。开槽螺母是安装在诸如转向连杆机构等活动零件上的螺母,用来防止其松开。它有一个有槽的特殊结构,供开口销穿过来锁住螺母,如图7-49所示。

在安装开槽螺母时,将开槽螺母旋紧至规定力矩,将螺栓的通孔和螺母的通孔沿旋紧方向对齐(图7-50),插入开口销并将其弯曲来固定。

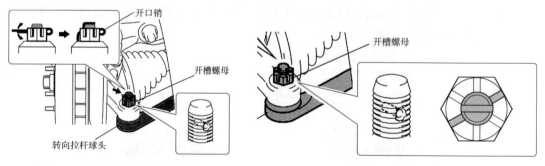
图7-49 开槽螺母与开口销的锁止　　　　图7-50 安装开槽螺母

拆卸开槽螺母时,用钳子将弯曲的开口销弄直,从开槽螺母中将其拉出,用扳手拆下开槽螺母,如图7-51所示。

✎ 提示:安装开口销时,在确定了正确的开口销对比螺栓尺寸后,插入开口销,并将开口销的较长的一边放在螺母上面并将其弯曲。

② 卡环的拆装

卡环是一种圆形的零件,主要用于零部件的轴向锁止定位,卡环有张开型、收缩型两种类型(图7-52)。根据卡环形状或者安装位置,要选用适用的工具来拆卸或安装卡环。如果选用不适用的工具或使用过大的力量,会损坏卡环和其他相关零部件。

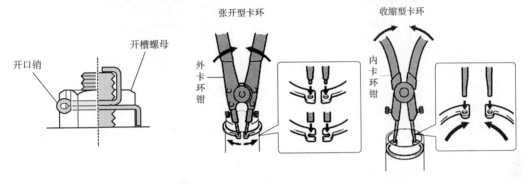

图7-51 拆卸开槽螺母 图7-52 卡环的类型

(1)卡环钳的类型。

在一般情况下,卡环须用专用的卡环钳进行拆装。卡环钳的类型如图7-52、图7-53所示,一般分为内卡环钳和外卡环钳,有些卡环钳的尖端工作头是可更换的。作业时须根据卡环选用最适用的工具。

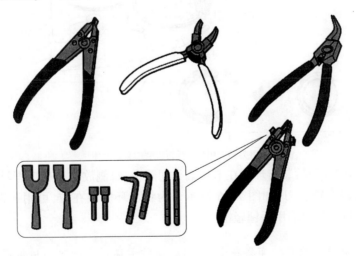

图7-53 常用卡环钳的类型

✎ 提示:有些部位的轴向间隙是用卡环来调整的,装配后应保证卡环能平滑地转动(图7-54),来确认此零件已可靠地装入了卡环槽内。在有些装配环境中,卡环是不能转动的,要根据所用位置而定。如果卡环已经变形、失去弹性和破损,则必须换用新的卡环。

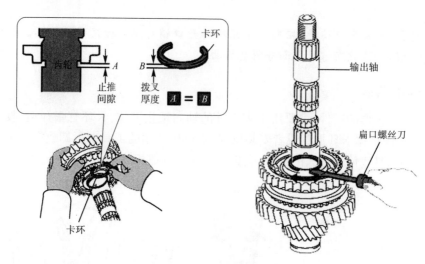

图 7-54 卡环的安装要求

(2)张开型卡环的拆装。

①用卡环钳拆装。在卡环端头的间隙中放一个卡环钳(图7-55),并用手把卡环的另一头撑住。张开卡环钳并将卡环取出或安装在位。

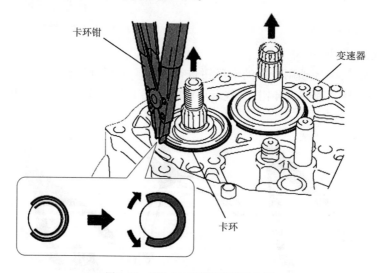

图 7-55 用外卡环钳拆装膨胀型卡环

②使用扁口螺丝刀拆装卡环。在卡环端头间隙中,每侧放一个扁口螺丝刀,共用两个扁口螺丝刀,然后轻击螺丝刀,如图7-56所示。为将卡环安装在位,可用黄铜棒向下轻压卡环,并在卡环开口端的对端用手锤轻击。

注意:拆装时要用抹布搭在卡环部位,以防卡环弹出蹦飞。用铜棒冲压卡环后,应确保清除干净卡环上的铜棒遗留的金属屑。

(3)收缩型卡环的拆装。

①使用卡环钳拆装。将内卡环钳放入卡环孔中,收缩卡环钳,将卡环取出或将卡环装配在位,如图7-57所示。

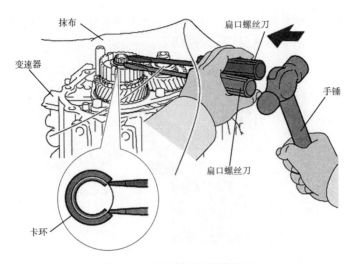

图 7-56　用扁口螺丝刀拆装卡环

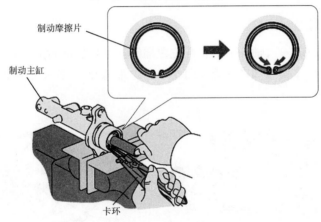

图 7-57　用内卡环钳拆装卡环

②使用扁口螺丝刀拆装。使用扁口螺丝刀,从卡环的边缘将内侧渐渐地撬出来拆下。为了将卡环安装在位,用扁口螺丝刀压卡环直至将卡环牢固地装入保持槽内,如图 7-58 所示。

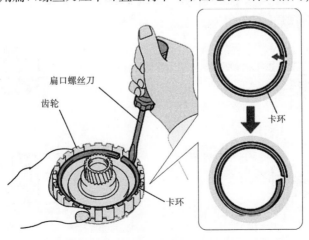

图 7-58　用扁口螺丝刀拆卸内卡环

③使用台虎钳将卡环装配在轴上。用台虎钳将卡环与电枢轴夹住,然后搬动台虎钳旋转手柄将卡环压入电枢轴卡环槽,如图7-59所示。

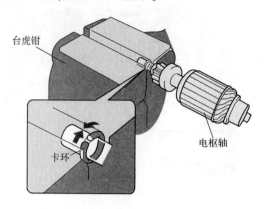

图7-59 使用台虎钳安装卡环

3 油封的拆装

油封用来防止总成输入轴和输出轴孔位置漏油。不根据油封的外形或安装位置来选择安装工具,将导致油封或零件的损坏(图7-60)。维修中有多种专用冲子可用于油封的拆装。

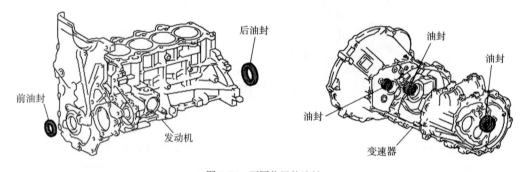

图7-60 不同位置的油封

(1)专用冲子的选择(图7-61)。

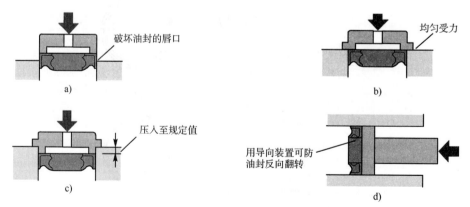

图7-61 专用冲子的选择

①通过压入点选择。当在圆柱形零件中或在轴上安装零件时,选择压入位置以免破坏零件。

②根据压入量选择。根据压入量选择专用工具。

③使用导向装置。设置压入导向以使零件可倾斜安装。

(2)油封的拆卸。拆卸和安装油封的方法有如下方面。

①使用滑锤拆卸变速器壳油封。如图7-62所示,用卡爪钩住油封,用力拉滑锤,依靠滑锤的冲击作用拉出油封。

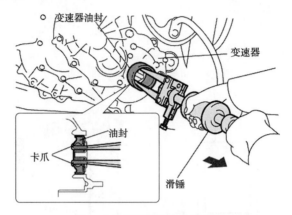

图7-62 用滑锤拆卸变速器油封

②使用拉拔器拆卸变速器壳油封。如图7-63所示,上紧拉器中心螺栓,沿直线推动轴,这样就使油封被同时拉出。

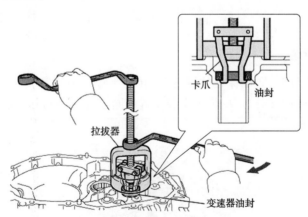

图7-63 用拉拔器拆卸变速器油封

③使用扁口螺丝刀拆卸发动机油封,如图7-64a)所示。把扁口螺丝刀插进唇口,撬掉油封。拆卸发动机后油封,如图7-64b)所示,用切刀切掉油封的唇口形成一个方便螺丝刀插入的凹口。

(3)油封的安装。

使用专用油封冲子安装变速器壳油封。首先根据油封类型选择压入方法或各种专用油封冲子(查阅修理手册以便选择最合适的专用冲子和方法),使用手锤如图7-65所示,轻轻将油封砸入油封安装孔内。

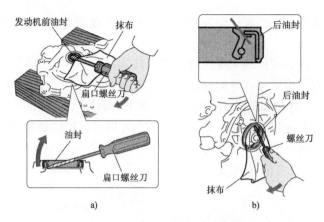

图 7-64 用螺丝刀拆卸发动机前油封

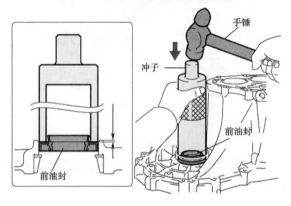

图 7-65 用合适的冲子安装油封

④ 皮带盘的拆装

拆卸和安装皮带盘时,要确保其位置正确、转动平稳。拆卸和安装不当,将损坏皮带盘的螺栓或很难进行准确的调整。皮带盘安装位置不同,其固定的方法也不一样,作业时要查阅修理手册,见图 7-66。

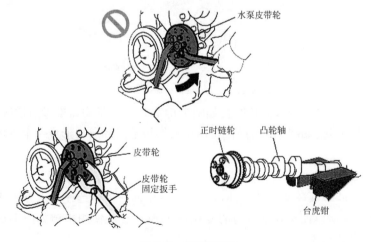

图 7-66 皮带盘拆卸

皮带盘通常拆装的方法有如下两种。

(1) 用专用工具拆装曲轴皮带盘中央固定螺栓(图7-67)。

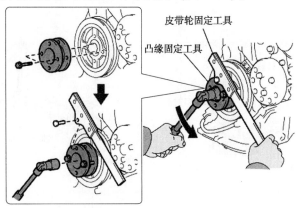

图7-67 用专用工具拆装曲轴皮带盘中央固定螺栓

①把皮带盘专用工具的凸缘安装到皮带盘上。
②用螺栓把皮带盘拆装手柄固定到皮带盘拆装工具的凸缘上。
③旋紧皮带盘专业工具手柄的固定螺栓。
④使用皮带盘拆装工具与套筒扳手,拆卸和安装皮带盘固定螺栓。

提示:不能只用皮带盘拆装手柄固定皮带盘,否则,不易拆卸并可能发生意外。必须把皮带盘拆装工具专用凸缘加入到要固定的皮带盘之间。

(2) 用专用工具拆装拆卸水泵皮带盘(图7-68)。

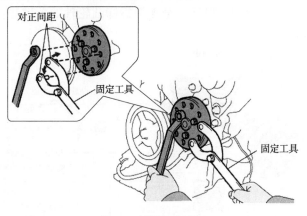

图7-68 拆装水泵皮带盘

①将皮带盘专业工具的卡爪销对正水泵皮带盘的维修孔,调节皮带盘专业工具卡爪的间距,把皮带盘专业工具安装到水泵皮带盘上。
②握住皮带盘专业工具的同时,用梅花扳手或套筒扳手拆卸和安装皮带盘固定螺栓。

(3) 用手动工具或台虎钳固定凸轮轴拆卸或安装皮带盘。

使用的工具有:活动扳手、梅花扳手、台虎钳、铝板钳口衬板等。

方法1:将凸轮轴的六边形部分或其平行对边夹在铝板间,如图7-69a)所示,然后用梅花扳手拆装螺栓。注意不要过度旋紧台钳,否则会损坏凸轮轴。

方法2:用活动扳手固定住凸轮轴的六边形部分,用梅花扳手拆装皮带盘螺栓,如图7-69b)所示。

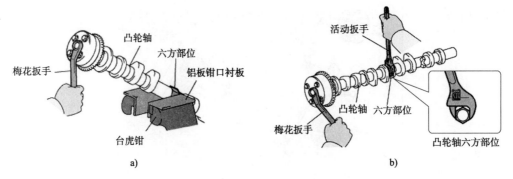

图7-69 固定凸轮轴六边形,拆装皮带盘固定螺栓

⑤ 凸轮轴的拆装

随着发动机技术的提升,凸轮轴的装配越来越复杂。因此,在拆卸和安装凸轮轴时,要保证气门弹簧的弹力均匀分布,轴承盖的安装位置和方向正确,凸轮轴保持水平。否则,容易损坏相关的零部件。

(1)拆卸主凸轮轴。

①安装或拆卸配合气门强力弹簧弹力工作的凸轮轴时,要确保其各凸轮均匀受力,以防损坏轴承盖。转动凸轮轴至均匀受力位置(图7-70),用活动扳手固定凸轮轴的位置,以便凸轮轴能保持在该位置进行拆卸。保证安全无损拆卸凸轮轴的关键是:确保气门弹簧的弹力均匀地施加在凸轮轴上。

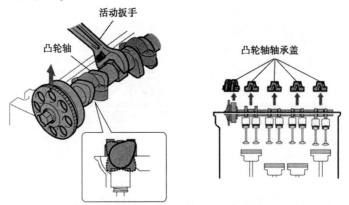

图7-70 在受力均匀的状态下拆卸凸轮轴

②操作时,每次要少许均匀地松动固定轴承盖的螺栓,重复该操作,以均衡地卸掉所有的螺栓。

提示:发动机型号不同,凸轮轴的位置和轴承盖的安装螺栓的拆卸顺序也不同。操作时须参考修理手册。

(2)拆装带主从动齿轮配合间隙调整弹簧的副凸轮轴。

在这对凸轮轴齿轮间装有齿轮配合间隙调整弹簧,用以消除主动齿轮(凸轮轴副齿轮)和从动齿轮的齿轮配合间隙并减少齿轮噪声。拆卸和安装凸轮轴时,由于轴向间隙小,要保持凸轮轴水平受力状态,用一只螺栓固定从动齿轮(图7-71)进行拆装。

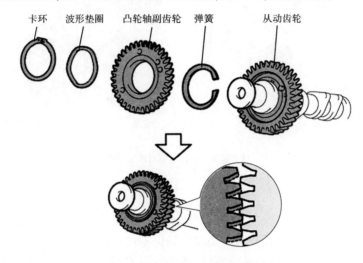

图7-71 拆装带主从齿轮弹簧的凸轮轴

①更换副凸轮轴。用螺栓把凸轮轴副齿轮紧固到从动齿轮上(图7-72),来解除作用在凸轮轴副齿轮上的弹簧力。使凸轮轴副齿轮紧固螺栓位置朝上,确保气门弹簧的弹力均匀并将凸轮轴置于可被水平移动的位置。

提示:发动机型号不同,凸轮轴位置也不同,要获得进一步的详情,参考修理手册。

②安装规定的顺序拆卸轴承盖。由于该结构齿轮型凸轮轴的轴向间隙很小(图7-73),所以如果拆装中凸轮轴倾斜,推力装置将被损坏。

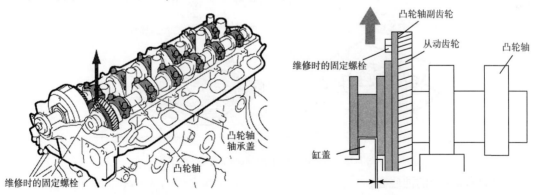

图7-72 副凸轮轴的拆卸位置　　　图7-73 凸轮轴的轴向间隙很小

③安装凸轮轴。凸轮轴的安装和拆卸的顺序相反,如图7-74所示。

常用的凸轮轴安装步骤:首先将凸轮轴的各齿轮对准正时记号,并将凸轮轴置于其各凸轮的均匀受力位置;然后按安装方向装配凸轮轴轴承盖;最后按规定顺序紧固轴承盖螺栓,并在紧固凸轮轴轴承盖螺栓后转动凸轮轴来验证安装的正确性。

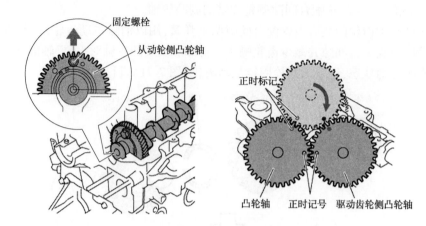

图 7-74　装复凸轮轴时须对准正时记号

6 密封胶的用法

为了防止漏油和漏水现象发生,一些零件(比如传动桥和发动机油底壳)的接合面涂有密封胶或装有密封垫片。密封胶和密封垫片可确保零件接合面紧密黏接。拆卸和安装有密封胶和密封垫片的零件,包括拆卸黏合零件,清洗密封胶、密封垫片,涂抹密封胶三项作业内容(图 7-75)。

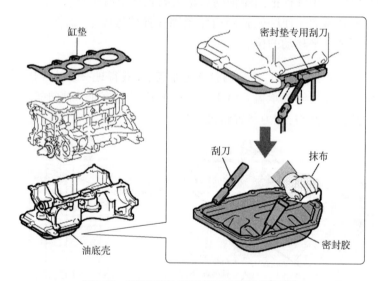

图 7-75　拆卸和安装有密封胶和密封垫片的零件

(1)拆卸黏合的油底壳。

①把油底壳密封刮刀直插入油底壳安装面(图 7-76)。注意第一次把油底壳密封刮刀插入到安装面时,油底壳容易扭曲。因此,在插入油底壳密封刮刀时均匀用力,应使它的边与黏接面充分接触。

②水平移动油底壳密封刮刀时,要沿对角斜面敲击油底壳密封刮刀。

③用油底壳密封刮刀尽可能地分开密封面,避免油底壳产生扭曲。

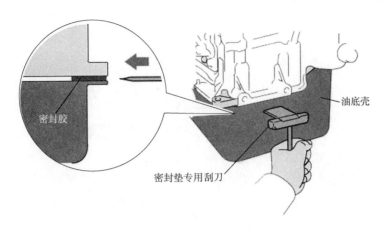

图 7-76　使用油底壳密封刮刀

注意：打入油底壳密封刮刀时,须检查双头螺栓的位置,以防损坏螺栓;要沿油底壳密封接合面小心滑动而不撬起其安装表面。若损坏安装面将导致漏油等故障发生,所以操作时要小心、逐步地进行。

④在使用塑料锤拆卸零件时,用塑料锤或扁口螺丝刀撬动和击打肋条,如图 7-77 所示。

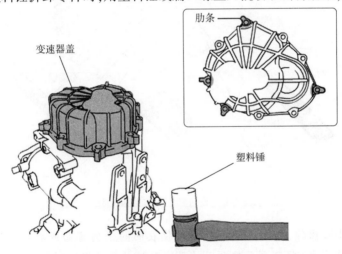

图 7-77　用塑料锤击打拆卸的部位(肋条)

⑤在使用扁口螺丝刀拆卸密封接合面时,首先,要用保护带或绝缘胶布缠住螺丝刀的尖端(图 7-78),以避免对安装面造成任何损坏。然后用螺丝刀均匀地沿交叉对角线方向撬动,以使其与该接合面顺利分开。注意该零件密封接合面的任何弯曲、变形或对安装面的任何损坏都将导致漏油现象发生。

(2)密封胶和密封垫片的清除方法。

为得到良好密封效果,应及时把黏附在该零件接合面上的旧密封胶和密封垫片清除掉(图 7-79)。

①用油石、刮刀和金属丝刷子清除掉尘土和旧密封胶。

②用清洗油辅助密封胶的拆卸。

③用清洁的汽油去除残留的污渍。

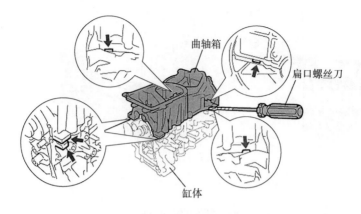

图 7-78 将螺丝刀用保护带缠好后再撬动壳体

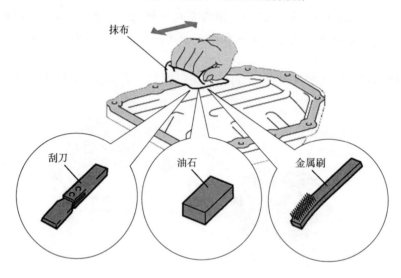

图 7-79 密封胶和垫片的清除方法

注意：小心操作，不要造成涂有密封胶表面的任何弯曲或损坏。涂有密封胶的表面上如有任何油或异物，将不利于接合面的紧密黏接并导致漏油现象发生。

（3）涂抹密封胶。

在油底壳壳体接合面的全部表面要均匀地涂抹一层密封胶，不要留有任何间隙（图7-80）。密封胶的位置和数量（厚度）在维修手册中有明确的规定值，涂装前要参考维修手册，同时也要认真检查其表面有无异物，以防密封不严。

（4）密封胶使用注意事项。

①部分密封胶在涂抹后会快速硬化，所以要迅速安装该零件。

②涂抹密封胶后，在至少两个小时内不要向该总成内加油。

③如果零部件在黏接后需移动或分开，要把原有的密封胶全部清除并重新涂抹。

④如果密封胶的涂抹位置错误或涂抹量太少将导致漏油现象发生。

⑤如果涂抹量过多将会脱落到总成内部，造成油路和滤清器堵塞。

模块 7 汽车维修基础技能

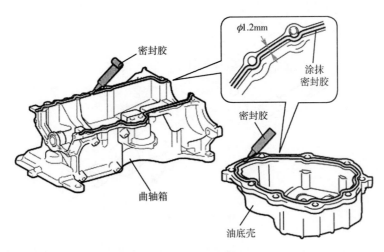

图 7-80 涂抹密封胶

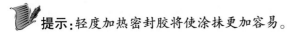 提示：轻度加热密封胶将使涂抹更加容易。

⑦ 过盈配合零部件的拆装

很多零部件采用过盈配合，例如：齿轮或轮毂类零件被压入并紧密接合，需要用到压床和专用工具来安装和拆卸这些零件。

为了防止松动，过盈配合零件的安装是很紧密牢靠的，因此，选择的拆装工具不适当或以错误的顺序操作都将会损坏相关零件。图 7-81 所示的是拆卸和安装压入零件的几种常用方法。

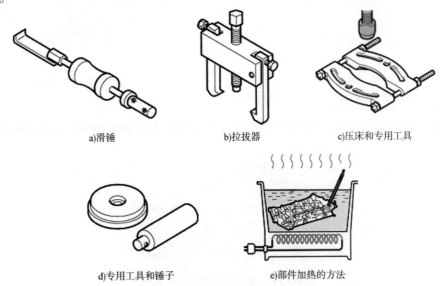

图 7-81 拆卸和安装压入零件的几种方法

（1）使用滑锤拉器拆卸。

用滑锤拉器的卡爪钩住欲拆卸的零件，大力拉紧滑锤（以防松脱），操纵滑锤拉器滑动配重块向滑锤手柄大力撞击，通过滑锤拉器滑动配重块的冲力拉出该零件，如图 7-82 所示。

191

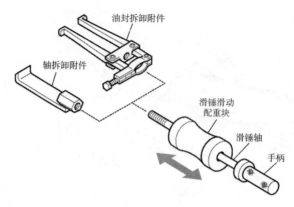

图 7-82　滑锤结构

提示：使用滑锤拉器时，滑锤拉器的卡爪可能不易钩住欲拆卸的零件。操作时，务必使卡爪牢固地钩住零件。

示例1：拆卸传动轴，如图7-83所示。

示例2：拆卸变速器轴承，如图7-84所示。

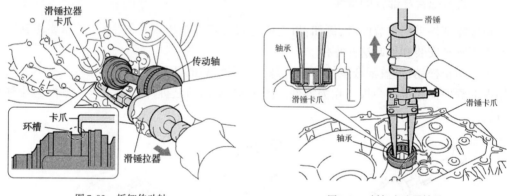

图 7-83　拆卸传动轴　　　　　　图 7-84　拆卸变速器轴承

（2）使用爪形拉器拆卸。

常用的爪形拉器有两爪、三爪和特殊形状卡爪等多种类型，常见的两爪拉器结构如图7-85所示。

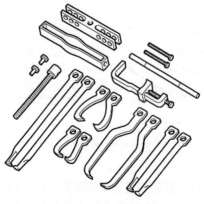

图 7-85　两爪拉拔器的结构

安装爪形拉器时,首先固定拉器使其不倾斜,卡爪和螺栓左右对称。转动螺栓固定以免在拉零件时卡爪张开。注意若卡爪未卡紧,被拆卸的零件将可能损坏。操作中用活动扳手夹住拉拔器,固定中间螺栓,如图 7-86 所示。

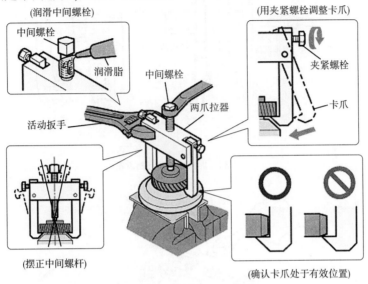

图 7-86　两爪拉拔器的用法

提示:为保证拉拔器的稳定工作,可给拉拔器的中间螺栓的螺纹涂抹润滑油脂。拆卸时,如果拉器的螺栓扭动沉重时,要停止操作,查清原因后再继续操作。否则,将损坏拉拔器或零件。

示例 1:拆卸横拉杆球头。紧固拉器中间螺栓,压出横拉杆球接头的球头,拆下横拉杆球头,如图 7-87 所示。

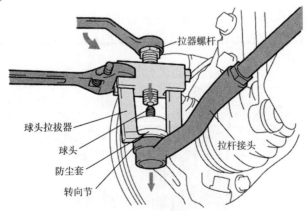

图 7-87　拆卸横拉杆球头

示例 2:拆卸变速器的五挡齿轮。将爪形拉器按图 7-88 所示装好,扭动拉器的中间螺栓推动输出轴,齿轮即被同时拉出。

示例 3:拆卸曲轴皮带盘。按图 7-89 所示安装好爪形拉器,紧固拉器的中间螺栓推动曲轴,皮带盘被同时拉出。

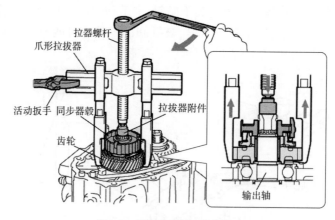

图 7-88 拆卸变速器五挡齿轮

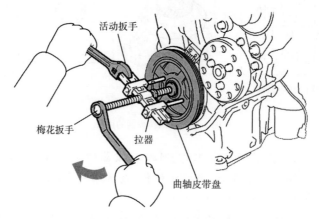

图 7-89 拆卸曲轴皮带盘

(3)专用工具和压床拆卸。

在维修中,使用专用工具和压床拆卸过盈配合的零部件是最为稳妥的拆卸方式。通常是将专用工具安装到过盈配合的零件上,然后用压床把专用工具压进零件,顶出需要拆卸的零部件,如图 7-90 所示。

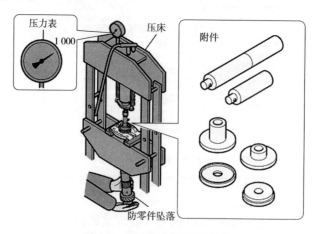

图 7-90 压床与专用工具的结构

①使用压床的方法,如图7-90所示。在压床上安装好待分解的零件,使压力垂直作用于专用工具和零件。

②根据压床与所要拆卸零件的接触位置,选择合适型号的专用工具。用压床慢慢地施加压力,以便拆卸和安装。

③当压床压力超过980N时,必须停止操作,待查明原因后再操作。否则,继续操作将损坏专用工具和零件。

④用压床把零部件拆下后,零件会掉落,所以拆卸时要用手或其他装置托住零件,以防零件坠落。

示例1:拆卸活塞销。将专用工具如图7-91所示安装,操作压床压出活塞销。

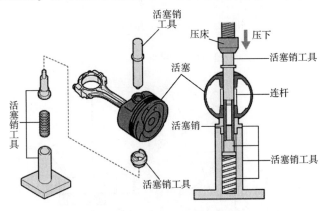

图7-91 拆卸活塞销

示例2:拆卸变速器输出轴的齿轮,如图7-92所示。

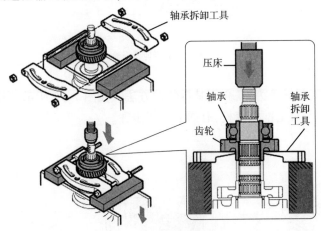

图7-92 拆卸输出轴齿轮

(4)专用冲子和锤子拆卸。

在缺少压床的情况下,经常使用专用冲子和锤子来安装轴承和油封。操作时,要根据轴承或油封的型号,选择压入方法或使用不同的专用冲子。所以,作业前要参考维修手册,选择最恰当的专用工具和方法。专用冲子的选择与使用,如图7-93所示。

示例:安装变速器壳油封,如图7-94所示。

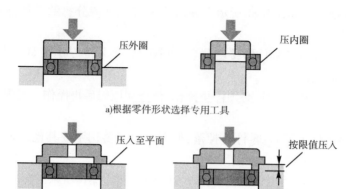

图 7-93 专用冲子的选择

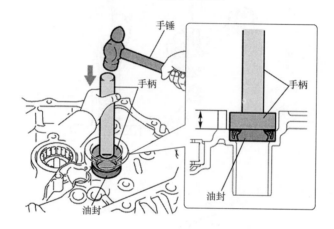

图 7-94 安装变速器壳油封

（5）加热零件法拆装。

下面以缸盖内气门导管为例，介绍其拆装的方法。如图 7-95 所示，当缸盖受热时，其气门导管孔膨胀，导管与缸盖配合变松，有如下拆装步骤。

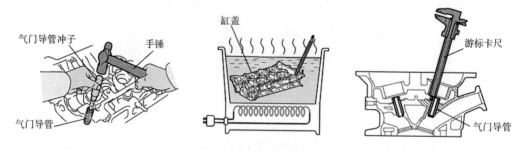

图 7-95 采用加热方法拆装气门导管

①拆卸气门导管。将缸盖放入电锅中，加热缸盖到 80~100℃。然后把气门导管冲子（专用工具）放在气门导管上，用锤敲击使之滑入燃烧室，如图 7-96 所示。

②压入气门导管。将缸盖加热到 80~100℃。把气门导管冲子插入气门导管,用锤敲击冲子,使气门导管安装到位。参考修理手册,查找压入量。用游标卡尺测量压入的距离,如图 7-97 所示。

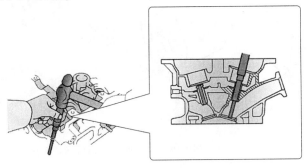 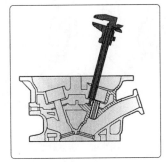

图 7-96　加热后冲出气门导管　　　　　图 7-97　测量气门导管装复的位置

 提示:过度加热缸盖,将会导致其变形。

⑧ 软管与卡箍的拆装

为了防止管路泄漏,各系统的管道和软管由卡箍固定。断开和连接软管时,要选择恰当的工具并采取正确的操作方法,以免损坏软管。

(1)卡箍类型。

在车辆上,使用多种型号的卡箍,常见的如图 7-98 所示。

图 7-98　常用的软管卡箍类型

(2)拆卸弹簧夹卡箍。

①用钳子夹住卡箍的卡爪,使它变宽松开,如图 7-99 所示。其中,正确操作方法如图 7-99a)所示。

②在用钳子夹住卡箍卡爪的情况下,从软管连接处滑动拆下卡箍。

卡箍拆装的注意事项:拆卸卡箍时,要使用与卡箍卡爪宽度相匹配的钳子;不能过分扩大卡箍,以避免损坏卡箍(图 7-100);不要将卡箍的卡爪变形,否则不能继续使用;具有两个重叠板簧的卡箍不能重复使用,在拆卸后要确保更换同样的卡箍。

(3)脱开软管。

①在软管上和连接端上做好标记[图 7-101a)]。

②用合适的钳子将软管的卡箍滑动到软管的中间(软管的非夹紧部位)。

③为防止损伤软管,可用布包在管外,然后用钳子夹住软管的根部一边转动一边向外拉动将其拆下[图 7-101b)]。

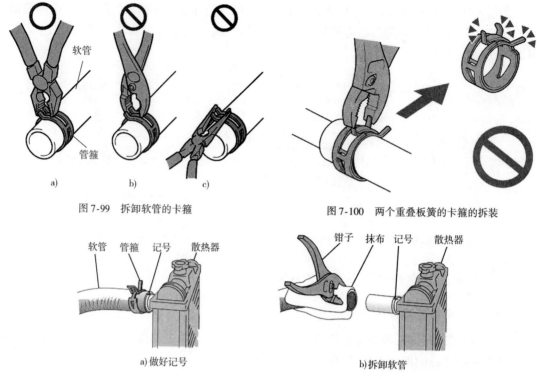

图7-99 拆卸软管的卡箍

图7-100 两个重叠板簧的卡箍的拆装

图7-101 松开软管

松开软管的注意事项:用力扭转软管会导致其损坏;当钳子用力地夹住软管拉动时,也会损坏软管或连接件;当拆下软管时,应在连接部位上盖上抹布,以防留在软管内的液体漏出(图7-102),或者异物进入软管。

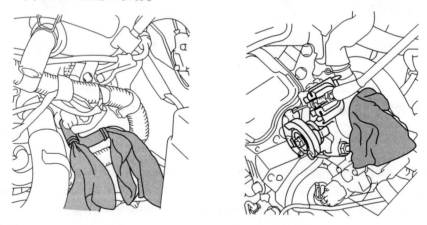

图7-102 拆卸管路后须注意保护工作界面

(4)连接软管(图7-103)。

①清洗软管和连接件接口。

②对齐软管上的匹配标记,并将软管卡箍放至在夹持位置上(原印痕位置)。

③在安装时,如果未将卡箍位置或方向对齐会造成冷却剂泄漏。如果卡箍变形,须用新卡箍将其更换。

模块 7　汽车维修基础技能

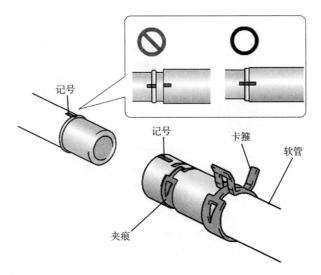

图 7-103　对正标记后的管路连接

9　管路快速接头的拆装

车辆发动机的燃油系统在管路上普遍使用的是快速接头。车用管路的快速接头主要有专用工具型、夹子型、弹出按钮型、保持器型等结构,各种类型的快速接头有如下拆装方法。

(1) 快速接头的拆卸。

① 专用工具型快速接头。使用专用工具(图 7-104),拆下快速接头,使管路断开连接。

② 夹子型快速接头。通过推动连接器锁止爪而使连接器脱离连接,如图 7-105 所示。

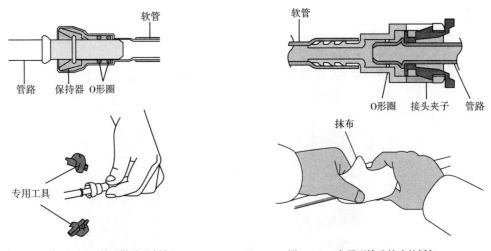

图 7-104　专用工具型快速接头的拆卸　　　　图 7-105　夹子型快速接头的拆卸

③ 弹出按钮型快速接头。通过按下快速接头的弹出按钮使快速接头脱离接合,如图 7-106 所示。

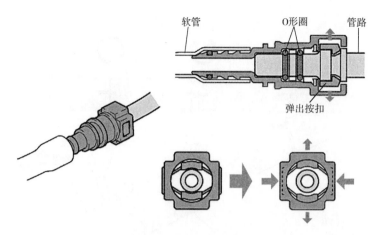

图 7-106 弹出按钮型快速接头的拆卸

④保持器型快速接头。旋转保持器以拆下锁紧爪,并将其拉出,如图 7-107 所示。

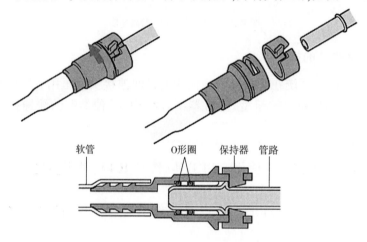

图 7-107 保持器型快速接头的拆卸

(2)快速接头的安装。

①为了避免损坏 O 形圈,在 O 形圈上涂一层机油。

②将快速接头向内推合,直到在快速接头接合处听到"咔嗒"的声音时为止(图 7-108)。

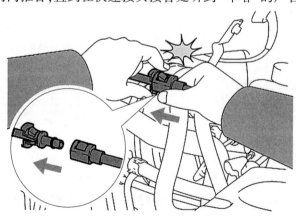

图 7-108 快速接头的安装

③向外轻拉快速接头,以确保其没有分开。

快速接头安装的注意事项:在维修之前要清洁快速接头上的脏物,比如接头四周的尘土等;在快速接头中均使用O形圈密封,脏物会损坏O形圈并导致其漏油;如果快速接头不太容易连接,请将管道往里推并松开锁止爪,这样就使得快速接头很容易脱离接合(非使用专用工具型快速接头);推拉快速接头时,不要用力过大,以免将软管弯曲或者扭曲。

⑩ 零部件的安装位置与安装方向

汽车的很多零件有安装位置和安装方向的技术要求(图7-109),因此,应按照位置和方向的要求拆装。

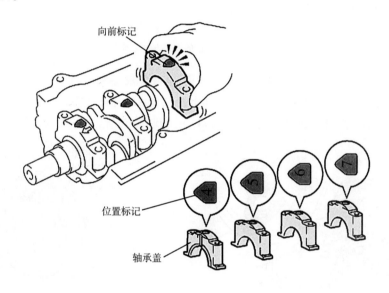

图7-109 部分重要零部件具有安装位置和方向的装配要求

安装时如未能正确地遵守这些要求,这些零件可能受到损坏,或安装以后出现其他技术问题。为了防止零件安装出现错误,这些零件多具有特殊的标记、形状、识别号等识别标志。在拆卸这些零件时,应认真记录它们的特征,确保原样装配。有关具有规定位置和方向的作业内容有:制作匹配标记(标签)、进行临时安装、按分解的次序排列零件作上标志号、检查装配方向等。

(1)制作配合零部件的匹配标记(标签)。

对有配合要求的零件副,在作完匹配标记或标签后,先拆卸诸如软管和接头等相似零件,然后拆卸那些需要重新装回原来位置的零件。

①对正时皮带做标记。在拆卸正时皮带前应在其背面用粉笔作箭头标记来标明转动方向[图7-110a]。还要作匹配标记使皮带和凸轮轴或曲轴位置对正。安装正时皮带时,应根据箭头标记和匹配标记对皮带准确定位。

②线路接头或软管的安装标记。当拆卸电气设备和与管道相关的零件时,在接头或软管上系上标签后重新进行安装[图7-110b]。

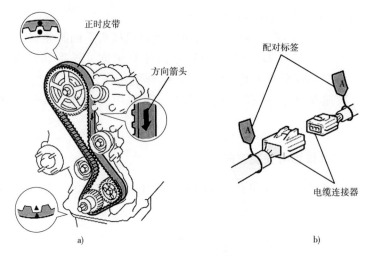

图 7-110 正时皮带的安装方向与标记

提示：装配中，回转类零件变换安装方向，会破坏配合零件的平衡和相位，造成异常的噪声和振动。为了正确地安装回转类零件，在拆卸时应作匹配标记，安装时要确保安装回原位。

例如：传动轴与差速器配对凸缘[图 7-111a)]和制动鼓与后桥轴凸缘[图 7-111b)]。

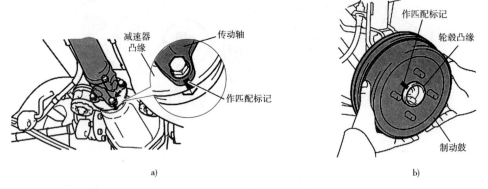

图 7-111 在配合零部件上做好装配的标记

（2）进行临时装配。

安装复杂零件时，需要用到多个不同粗细和长度的螺栓，要一次准确地辨认安装位置并不容易。为防止安装错误，可进行临时性装配。

①正时链室盖的安装。发动机正时链室盖（图 7-112）要用多个螺栓进行安装，所以要先将螺栓插入该零件。

②同步器毂套的装配。如图 7-113 所示，检查零件的安装方向并把其作为一个部件保存。

（3）按分解的次序排列零件并作标志号。

在装配气门等相类似零件的情况下，使用分类箱按次序摆放零件，以免在重新装配时发生错误，如图 7-114 所示。

①在摆放零件的分类箱上编号并按零件拆卸次序依次摆放。

②发动机的轴承盖等零件自身带有标志号，所以应提前在分类箱上编号，将零件按拆卸次序摆放。

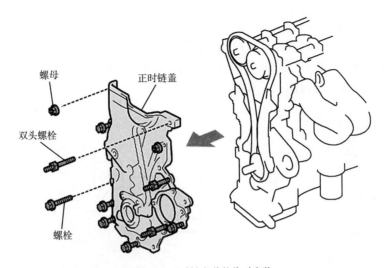

图 7-112 正时链室盖的临时安装

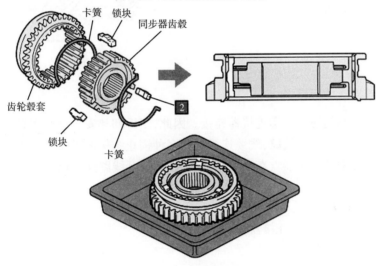

图 7-113 同步器毂套的临时安装

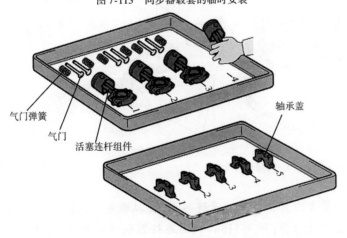

图 7-114 存放零件的分类箱

(4)检查装配方向。

对于具有方向和配合的零件,应保证其安装正确。

①活塞与连杆。将活塞上的向前标记和连杆上的标记对齐,如图7-115所示。

②曲轴与轴承盖。将向前标记和编号对齐。

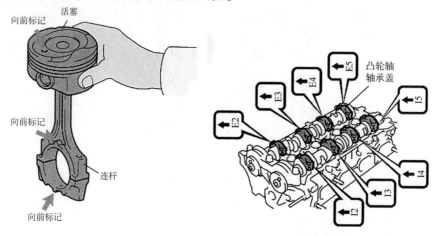

图7-115 活塞、曲轴和凸轮轴的轴承盖均必须按规定方向装配

⑪ 线缆连接器的拆装

车辆的电气线路均通过线缆连接器连接。因此,当拆卸和安装电气零部件时,需要断开连接器。为防止维修中接错线路,线缆连接器有多种锁止结构的类型。因此,要用正确的方法拆卸各种不同类型的连接器。在线路复杂的场所,拆开线路连接器时,应挂上标签以标明连接位置,如图7-116所示。

(1)断开连接器的连接。

在锁销脱离啮合后,分开连接器,如图7-117所示。

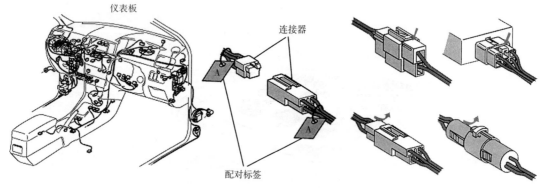

图7-116 线缆连接器　　　　　　图7-117 打开连接器的锁扣

注意:如果大力拉扯线来断开连接器,会扯断电缆,为防止这种情况的发生,断开连接器时应握住整个连接器[图7-118a)];当连接器很难断开时,把连接器朝连接处向内推动一下,会有助于松开连接器锁定[图7-118b)]。

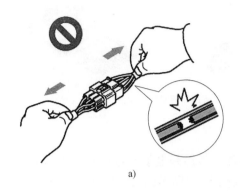
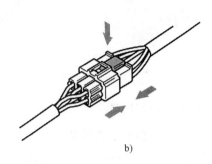

图 7-118　拆开线路连接器

(2) 闭合连接器。

闭合连接器直至听到一个"咔嗒"的声音（锁住），如图 7-119 所示。

在断开连接器时应参考所附的标签，根据以前的情况连接连接器（图 7-120）；在装配零件时注意连接器的方向，并且还要注意对线束不能施加过大的力。

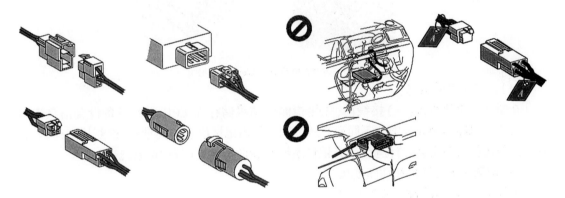

图 7-119　连接线路连接器　　　　图 7-120　连接线路连接器注意其原始位置和线缆走向

(3) 拉杆类型连接器的拆装。

① 断开连接器。按图 7-121 所示的位置会解锁并使拉杆抬起，然后完全提起拉杆。

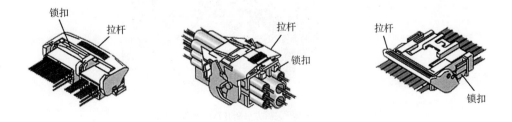

图 7-121　低配合和拉杆类型连接器的拆卸

② 连接连接器。连接连接器时要使拉杆处于抬起状态。压下拉杆直至听到一个"咔嗒"声，连接器就锁闭，如图 7-122 所示。

 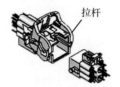 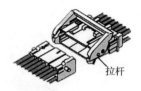

图7-122 低配合和拉杆类型连接器的安装

12 蓄电池的拆装

蓄电池作为储能装置拆装不当容易发生意外。当拆卸电子元器件和蓄电池时,为保护电气设备的安全,须先断开蓄电池负极(-)接线端子,以防短路(图7-123)。断开蓄电池负极(-)端子操作须注意首要先记录车辆的设置信息,按顺序进行连接和切断连接,最后再复原记忆信息。

 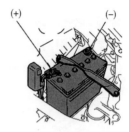

图7-123 拆卸蓄电池前须先断开负极电缆

(1)记录车辆的信息。

在断开蓄电池负极(-)接线前,先用检测电脑将储存在ECU中的设备设置信息读出来。这些信息随车型和级别的不同而有所区别。常用记忆信息的类型有:诊断故障代码、收音机预先选择的频道、座椅位置(带有记忆系统)、转向盘位置(带记忆系统)等。

(2)按顺序进行连接和切断连接。

①拔下汽车点火钥匙(图7-124)。

 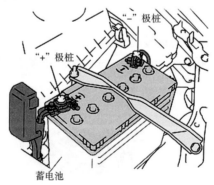

图7-124 关闭点火开关后方可断开蓄电池负极电缆

提示:点火开关开启时,断开蓄电池缆线是很危险的,因为电流会在蓄电池的缆线和接线端子之间产生电火花,可能会引发意外。

②松开紧固在蓄电池负极(-)接线端子上的螺母,并将蓄电池缆线拆下。

> 提示：通过旋转方式拆下蓄电池缆线可能会损伤电池接线端子。拆卸蓄电池缆线的顺序不正确时，会造成短路，这样会损坏熔断丝或者使线路短路着火。

(3) 连接蓄电池缆线。

在点火开关关闭时，先连接正极电缆而后连接负接电缆。

> 提示：汽车上的电子元器件几乎全部采用以车身为搭铁线的电路连接方式。在蓄电池负极(－)接线端子还处于连接状态的情况下，误拆卸蓄电池的正极(＋)接线端子，可能会造成短路(当工具或电缆碰到正极端子时)，如图7-125所示。

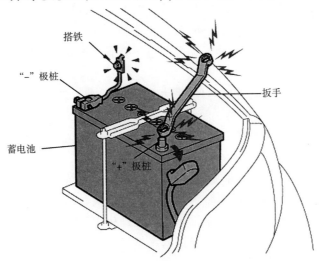

图7-125　连接蓄电池不当，发生连接短路的现象

(4) 复原记忆信息。

复原记录的车辆信息。车辆信息有：选择收音机频道、时钟设置、转向盘位置(带记忆系统)、座椅位置(带有记忆系统)等。

思考与练习

1．有关在修理时拆卸或安装车辆总成所采取的预防措施，下面哪一种说法是正确的？
(　　)
   A．当把发动机或传动桥从车辆上拆卸或安装到车辆上时，要预先备好替换零件，因为发动机舱内的燃料管路或制动器管路可能被损坏。
   B．要高度重视发动机或传动桥这类沉重零件的安全，以防坠落。
   C．吊起发动机或传动桥时，要用手托住以防掉落。
   D．拆卸或安装车辆的发动机或传动桥时，不必太过注意其安全，因为即使发动机或传动桥碰到了车辆，翼子板护垫也能使车辆免受损坏。

2．关于安装时采取的预防措施，下面哪一种说法是正确的？
(　　)
   A．即使诸如密封件和密封垫这样不重复使用的零件，如果状况良好，还是要重复使用。

　　B. 修理手册规定了螺纹件的紧定扭矩，但在重新组装该零件时，紧固的扭矩要略高一些。

　　C. 确保机油和润滑脂加到修理手册规定的位置。

　　D. 如果零件相同，则安装位置或安装顺序改变没问题。

3. 下面哪一种关于密封胶和密封垫的说法是正确的？　　　　　　　　　　　　（　　）

　　A. 密封胶固化速度较快以便防油泄漏，如果安装涂胶面被划破，则可能导致漏油等故障，所以拆卸时要特别注意。

　　B. 汽缸体和油底壳的底表面附着有密封胶，所以拆卸油底壳时，油底壳垫切刀要从侧面进入。油底壳垫会受到损坏，所以要准备好一只新油底壳垫。

　　C. 涂抹密封胶时，即使在涂抹区有异物也不会影响密封胶的有效性，不会产生漏油等故障。

　　D. 对于变速器后端盖这样的零件，用力敲击振动，然后卸下。

4. 下面的句子描述了压入零件，请选择最恰当的说法？　　　　　　　　　　（　　）

　　A. 安装曲轴皮带盘这样需用专用工具的零件时，如果在安装过程中专用工具使用比较费力，不要强制性的继续操作，而是检查原因。

　　B. 安装曲轴皮带盘这样需用专用工具的零件时，如果在安装过程中专用工具使用比较费力，用塑料锤敲击该零件的几个部位并重试。

　　C. 对于需用压机压的零件，如果压床压力超过980N，停止操作，检查原因。

　　D. 用拆卸器拆卸被压进去的零件时，只要拆卸器的卡爪和被拆卸零件接合在一块，拆卸器是否倾斜没有关系。

5. 下面是关于蓄电池的描述，请选出最恰当的说法。　　　　　　　　　　　（　　）

　　A. 开始拆卸电器设备时，先断开蓄电池正极接线柱。

　　B. 断开掉蓄电池接线柱会删除诸如选定的电台或故障诊断码等记忆信息。因此有必要在蓄电池断开前记录这些信息。

　　C. 蓄电池卸离车辆前完全放电。

　　D. 断开蓄电池电极柱，电源就被切断，所以只要电动机不发动，点火开关处于"开"位置就没关系。

6. 哪一种关于缸盖检查方法是正确的？　　　　　　　　　　　　　　　　　（　　）

　　A. 缸体和缸盖的安装面变形时，为防油气泄漏须涂抹密封胶。

　　B. 用直尺和厚度规检查垂直或水平线上的两处。

　　C. 如果读数在变形极限值的厚度规不能插进缸体/缸盖和直尺之间，则存在变形；检查变形。

　　D. 变形超过极限值时，打磨缸体（缸盖）至正确值。

7. 下面是关于清洁和冲洗的描述，请选出最恰当的说法。　　　　　　　　　（　　）

　　A. 煤油或清洁的汽油可用作清洗油，适合洗净橡胶零件或塑料零件等。

　　B. 用刷子清洗时，根据零件的原料改变刷子的类型。

　　C. 清洁和冲洗的主要目的是减少拆卸次数。

D. 即使有油或润滑脂存留于附着面上,也没有必要去除,因为密封胶与密封垫等会吸收它们。

8. 关于拆卸时采取的预防措施,下面哪一种说法是正确的? （　　）

　A. 为了有效率地工作,所有零件一次分解,一起检测。

　B. 所有零件均要标明组装时的方向和位置以便记忆组装顺序。

　C. 分解时所有零件根据型号分类保管,以便正确组装。组装时,即使零件的组合改变也没问题(例如:拆卸气门时,把气门挺柱归类到气门挺柱相关零件组,气门弹簧归类到气门弹簧相关零件组)。

　D. 每个零件每次拆下时,检测安装状况、油污、磨损、缺陷和裂口等。

9. 下面哪一种关于清洁拆开的零件的说法是正确的? （　　）

　A. 既然清洁会损坏拆下来的零件,不要清洁这些零件,规定必须要清洁的零件除外。

　B. 既然清洁拆下来的零件是为了判断他们是否处于良好的状况,如果存有非常小量的污物就没有必要清洁。

　C. 对拆卸的零件忽略了清洗有可能难以判断这些零件是否处于良好的状态下,从而使你忽视了故障。此外,在拆卸时,杂物可能混入其中,从而影响了性能。因此,务必要彻底清洗零件。

　D. 对于拆卸零件的清洗,只要清洗需测量的零件。另外,如果与测量仪表接触的部位是干净的,则不必清洗整个零件,因为可以判断它保持了良好的状态。

10. 以下有关螺栓拆装的语句哪个是正确的? （　　）

　A. 当旋紧或松开零件上的多个螺栓时,不按照规定顺序操作可能会引起零件扭曲或螺栓扭转。

　B. 当拆卸轴承零件时,须从零件中心向两端松开螺栓,进而拆下零件,以防引起零件扭曲或轴承损坏。

　C. 当用螺栓在旋转轴上安装零件时,松开或旋紧螺栓会一同旋转旋转轴,所以一个人要用手握住轴,另一人才能松开或旋紧螺栓。

　D. 当沿圆周方向旋紧或松开螺栓时,如在飞轮上,则需均匀地顺时针地一次松开或旋紧一点儿。

11. 以下语句说明了涂抹黏合剂的螺栓,以下哪个语句是对的? （　　）

　A. 当涂抹黏合剂的螺栓被拆下后,再用时绝不可再涂黏合剂,故在安装前,务必在新螺栓上涂黏合剂。

　B. 涂黏合剂可防止螺栓松脱,故将螺栓旋紧的比规定的力矩稍小些即可。

　C. 当旋紧涂黏合剂的螺栓时,在原有黏合剂的螺栓上再涂抹黏合剂可充分地利用该黏合剂的效率。

　D. 黏合剂有几类,须根据涂抹部位等选择类型。

12. 以下语句说明了曲轴皮带盘螺栓(旋转零件)的拆卸,请选出最恰当的说法。

（　　）

　A. 试图松开螺栓可能引起皮带盘一起转动,故须一人用手握住皮带盘,另一人松开螺栓。

B. 试图松开螺栓可能引起皮带盘一起转动,故须在皮带盘与发动机之间插入一块木块或类似物件以固定住皮带盘,然后再松开螺栓。

C. 试图松开螺栓可能引起皮带盘一起转动,故须用专用工具固定住皮带盘以便松开螺栓。

D. 试图松开螺栓可能引起皮带盘一起转动,故须用台钳固定住皮带盘并松开螺栓。

13. 以下语句说明气门导管的拆装,请选出最恰当的说法。　　　　　　(　　)

A. 当气门导管难拆下时,使缸盖温度降到-20～0℃,以方便拆卸。

B. 当拆卸气门导管时,须在20～30℃的室温下拆卸。

C. 当拆卸气门导管时,将缸盖的温度升至80～100℃,以方便拆卸。

D. 当气门导管难拆卸时,将缸盖温度升至140～160℃,以方便拆卸。

14. 以下语句说明锁止螺母和锁止垫片,请选择最合适的语句。　　　　　(　　)

A. 当安装驱动轴锁止螺母,须在锁止螺母四周压住,这样锁止螺母就不能移动。

B. 当拆卸锁止螺母和锁止垫片时,务必对其重新全部整形,轻微变形的可重新使用。

C. 使用锁止螺母和锁止垫片以防螺栓、螺母变松。

D. 对锁止垫片来说,折弯一部分板防止松开,不必全部折弯。

15. 以下语句说明软管和卡箍,请选出最恰当的说法。　　　　　　　　(　　)

A. 软管用密封胶黏住并夹紧,这样不会被拔出。

B. 为了拆卸软管,可将卡箍张开使其断裂。

C. 安装软管时须将软管安装在有痕迹处,且与拆卸前处于相同方向。

D. 软管用卡箍安装,切下留有痕迹的部位,然后再安装。

16. 以下语句说明了连接器,请选出最恰当的说法。　　　　　　　　　(　　)

A. 连接器有几种,而将其断开的方法是相同的。

B. 在断开连接器之前将其作标签,这样在安装时很容易找到连接部位。

C. 如果连接器难以断开,则须一边按压锁止松脱部位一边扯开线束。

D. 由于电气设备只要有电流就会正常地工作,故只需把电气设备连接器插接在一起即可,无须锁住。

17. 以下语句说明了焊接,请选出最恰当的说法。　　　　　　　　　　(　　)

A. 在进行焊接时,须在待焊部位涂润滑脂。

B. 在用完烙铁后,用水清洗并阴干。

C. 在使用了烙铁后,在清除黏附在端部的过多焊剂时,须使用吸附海绵或类似的东西。

D. 用砂纸或类似东西擦拭直到端部发亮,以去除多余的焊料。

18. 选择正确的有关间隙方面的语句。　　　　　　　　　　　　　　　(　　)

A. 当用百分表测量齿轮轴向间隙时,把百分表的悬挂式测量端调到与被测齿轮成45°角。

B. 当用塑料间隙规测量曲轴和连杆的油隙时,较小的配合间隙使塑料间隙规的平整宽度变小。

C. 配合间隙不会变小,故如果测量值低于规定值,则可怀疑测量有误。

D. 当配合间隙超过了最大限值时,则将两零件的测量值比较一下,并更换掉最接近规定值的那一个。

19. 选择有关测量尺寸的正确语句。 ( )
   A. 当测量零件内径时,由于磨损是不均匀的,故需测量几个位置并计算平均值。
   B. 当检查弹簧与平规是否成直角时,须用直角尺、百分表和平规测量。
   C. 当用百分表测量活塞外径时,须测量几个部位并读取最小值。
   D. 当测量检查椭圆磨损时,须测量最大直径和最小直径,只需在其圆周测量一次即可。

20. 选择有关变速器输出轴的轴径向圆跳动的正确语句。 ( )
   A. 当输出轴有轴径向圆跳动时,可发生振动和不均匀旋转与滑动。
   B. 检查输出轴的轴径向圆跳动时,只要使用 V 形块和百分表就可在一个不平整的工作台上进行检查。
   C. 使百分表的悬挂式测量端按 45°角与输出轴接触,以便测量。
   D. 如果使用胶带等物品盖上输出轴的润滑油孔,以防测量值被孔改变的话,则在悬挂百分表测量端时就不必回避该孔。

21. 以下关于差速器半轴齿轮齿隙的语句,哪个是正确的? ( )
   A. 即使没有齿隙齿轮也会旋转。
   B. 齿隙防止齿轮被咬死和产生噪声。
   C. 欲测量齿隙,只要用百分表测量一个部位即可。
   D. 当差速器半轴齿轮齿隙很大时,可换厚垫片调整。

22. 以下关于(轴承)预紧力的语句,哪个是正确的? ( )
   A. 是预先所加的负荷以保持轴承所支承力的强度和方向。
   B. 有两种方法测量预紧力:一种方法是在零件开始旋转时测量启动扭矩,另一种方法是在零件旋转时测量滑动扭矩。
   C. 在所有的预紧力零件中,只有一种方法调整预紧力:通过改变垫片厚度调整。
   D. 当预紧力很大时,如果使用调整螺母,则旋紧螺母所需要的力要比一般的大些。

参 考 文 献

[1] A.E.斯卡沃勒尔.汽车构造原理与维修[M].北京:机械工业出版社,2005.
[2] 孙海波.汽车发动机检修[M].北京:人民邮电出版社,2009.
[3] 刘言强.汽车维修基础[M].南京:江苏科学技术出版社,2010.
[4] 郎全栋,董元虎.汽车运行材料[M].2版.北京:人民交通出版社股份有限公司,2014.
[5] 石德勇.钳工实训[M].2版.北京:人民交通出版社股份有限公司,2016.

人民交通出版社汽车类高职教材部分书目

一、交通职业教育教学指导委员会推荐教材、高等职业教育规划教材

1. 汽车运用技术专业

书号	书名	作者	定价	出版时间	课件
978-7-114-11263-8	●汽车电工与电子基础（第三版）	任成尧	46.00	2015.11	有
978-7-114-11218-8	●汽车机械基础（第三版）	凤勇	46.00	2016.04	有
978-7-114-11495-3	汽车发动机构造与维修（第三版）	汤定国、左适够	39.00	2016.04	有
978-7-114-11245-4	●汽车底盘构造与维修（第三版）	周林福	59.00	2015.11	有
978-7-114-11422-9	●汽车电气设备构造与维修（第三版）	周建平	59.00	2016.04	有
978-7-114-11216-4	●汽车典型电控系统构造与维修（第三版）	解福泉	45.00	2015.11	有
978-7-114-11580-6	汽车运用基础（第三版）	杨宏进	28.00	2016.01	有
978-7-114-09167-4	汽车电子商务（第二版）	李富仓	29.00	2016.06	
978-7-114-05790-3	汽车及配件营销	陈文华	33.00	2015.08	
978-7-114-06075-8	汽车专业资料检索	张琴友	30.00	2015.01	
978-7-114-11215-7	●汽车文化（第三版）	屠卫星	48.00	2016.09	有
978-7-114-11349-9	●汽车维修业务管理（第三版）	鲍贤俊	27.00	2015.08	有
978-7-114-11238-6	●汽车故障诊断技术（第三版）	崔选盟	30.00	2015.08	有
978-7-114-06031-9	汽车检测诊断技术	邹小明	24.00	2016.06	
978-7-114-05662-1	汽车检测设备与维修	杨益明	26.00	2015.08	
978-7-114-05661-3	汽车单片机及局域网技术	管秀君	13.00	2015.06	
978-7-114-05718-0	汽车维修技术（机修方向）	刘振楼	23.00	2016.6	

2. 汽车技术服务与营销专业

书号	书名	作者	定价	出版时间	课件
978-7-114-11217-1	●旧机动车鉴定与评估（第二版）	屠卫星	33.00	2016.07	有
978-7-114-07915-3	汽车保险与公估	荆叶平	43.00	2016.01	
978-7-114-08196-5	汽车备件管理	彭朝晖	22.00	2016.08	
978-7-114-11220-1	●汽车结构与拆装（第二版）	潘伟荣	59.00	2016.04	有
978-7-114-08084-5	汽车维修服务	戚叔林	23.00	2015.08	
978-7-114-11247-8	●汽车营销（第二版）	叶志斌	35.00	2016.04	有

3. 汽车整形技术专业

书号	书名	作者	定价	出版时间	课件
978-7-114-11377-2	●汽车材料（第二版）	周燕	40.00	2016.04	有
978-7-114-12544-7	汽车钣金工艺	郭建明	22.00	2015.11	
978-7-114-12311-5	汽车涂装技术（第二版）	陈纪民、李扬	33.00	2015.08	有
978-7-114-09094-3	汽车车身测量与校正	郭建明	22.00	2015.07	
978-7-114-11595-0	汽车车身焊接技术（第二版）	李远军、李建明	28.00	2016.04	有
978-7-114-07918-4	汽车车身修复技术	韩星	29.00	2015.07	
978-7-114-12143-2	车身结构及附属设备（第二版）	袁杰	27.00	2016.05	有
978-7-114-13363-3	汽车涂料调色技术	王亚平	25.00	2016.11	有

4. 汽车制造与装配技术专业

书号	书名	作者	定价	出版时间	课件
978-7-114-12154-8	汽车装配与调试技术	刘敬忠	38.00	2015.06	有
978-7-114-12734-2	车身焊接技术	宋金虎	39.00	2016.03	有
978-7-114-12794-6	汽车制造工艺	马志民	28.00	2016.04	有
978-7-114-12913-1	汽车 AutoCAD	于宁、李敬辉	22.00	2016.06	有

二、21世纪交通版高职高专汽车专业教材

书号	书名	作者	定价	出版时间	课件
978-7-114-10520-3	汽车概论	巩航军	29.00	2013.05	有
978-7-114-10722-1	发动机原理与汽车理论（第三版）	张西振	29.00	2015.12	有
978-7-114-10333-9	汽车维修企业管理（第三版）	沈树盛	36.00	2016.05	有
978-7-114-06997-0	汽车空调构造与维修	杨柳青	20.00	2016.01	

书　号	书　名	作者	定价	出版时间	课件
978-7-114-12421-1	汽车柴油机电控技术（第二版）	沈仲贤	26.00	2015.10	有
978-7-114-11428-1	汽车使用与技术管理（第二版）	雷琼红	33.00	2016.01	有
978-7-114-11729-9	汽车保险与理赔（第四版）	梁　军	32.00	2015.12	有
978-7-114-07593-3	汽车租赁	张一兵	26.00	2016.06	
978-7-114-08934-3	汽车发动机机械系统检修（第二版）	林　平	35.00	2015.06	有
978-7-114-08942-8	汽车底盘机械系统检修（第二版）	陈建宏	39.00	2016.05	有
978-7-114-09429-3	汽车底盘电控系统检修	张立新、屈亚锋	35.00	2015.07	有
978-7-114-09317-3	汽车维修技术基础	刘　毅	35.00	2015.07	有
978-7-114-09961-8	汽车构造	沈树盛	54.00	2015.04	有
978-7-114-09866-6	汽车发动机构造与维修	王兴国、刘　毅	36.00	2013.12	有
978-7-114-09719-5	汽车电器构造与维修	杨连福	45.00	2013.12	有
978-7-114-09099-8	工程机械柴油发动机构造与维修	许炳照	40.00	2013.07	有
	三、高等职业教育"十二五"规划教材				
978-7-114-10280-6	汽车零部件识图	易　波	42.00	2014.1	有
978-7-114-09635-8	汽车电工电子	李　明、周春荣	39.00	2012.07	有
978-7-114-10216-5	汽油发动机构造与维修	刘　锐	49.00	2016.08	有
978-7-114-09356-2	汽车底盘构造与维修	曲英凯、刘利胜	48.00	2015.07	有
978-7-114-09988-5	汽车维护（第二版）	郭远辉	30.00	2014.12	有
978-7-114-11240-9	●车载网络系统检修（第三版）	廖向阳	35.00	2016.02	有
978-7-114-10044-4	汽车车身修复技术	李大光	24.00	2016.01	有
978-7-114-12552-2	汽车故障诊断技术	马金刚、王秀贞	39.00	2015.12	有
978-7-114-09601-3	汽车营销实务	史　婷、张宏祥	26.00	2016.05	有
978-7-114-13679-5	新能源汽车技术（第二版）	赵振宁	38.00	2017.03	有
978-7-114-08939-8	AutoCAD 辅助设计	沈　凌	25.00	2011.04	有
978-7-114-13068-7	汽车底盘电控系统检修	蔺宏良、张光磊	38.00	2016.08	有
978-7-114-13307-7	汽车发动机电控系统检修	彭小红、官海兵	35.00	2016.1	有
	四、高职高专改革创新示范教材				
978-7-114-09300-5	汽车使用与维护	毛彩云、柯志鹏	28.00	2015.09	有
978-7-114-09302-9	汽车实用英语	王升平	30.00	2011.08	有
978-7-114-09307-4	汽车维修企业管理	齐建民	34.00	2015.12	有
978-7-114-09305-0	汽车发动机电控系统构造与检修	罗德云	23.00	2014.07	有
978-7-114-09352-4	汽车发动机机械构造与检修	成伟华	33.00	2015.02	有
978-7-114-09494-1	汽车自动变速器构造与检修	王正旭	36.00	2015.02	有
978-7-114-09929-8	汽车电气设备构造与检修	刘存山	31.00	2012.08	有
978-7-114-10310-0	汽车空调系统构造与检修	潘伟荣	38.00	2013.05	有
	五、教育部职业教育与成人教育司推荐教材				
978-7-114-09147-6	汽车实用英语（新编版）	杜春盛、邵伟军	33.00	2016.07	
978-7-114-08846-9	汽车发动机构造与维修（新编版）	王　会、刘朝红	33.00	2015.09	
978-7-114-06406-7	汽车运行材料	嵇　伟、孙庆华	26.00	2016.06	
978-7-114-07969-6	★汽车专业英语	边浩毅	26.00	2016.01	
978-7-114-04112-9	汽车使用性能与检测技术	李　军	26.00	2015.07	
978-7-114-04750-9	汽车营销技术	王怡民	32.00	2016.11	
978-7-114-04644-8	汽车专业英语	王怡民	26.00	2016.06	

●为"十二五"职业教育国家规划教材；★为"十一五"职业教育国家规划教材。
咨询电话：010-85285962；010-85285977．咨询QQ：616507284；99735898